»Freiheit, Brot, Gerechtigkeit!« Die Arbeiterbewegung an der Saar

Hans-Joachim Kühn

»Freiheit, Brot, Gerechtigkeit!« Die Arbeiterbewegung an der Saar

Stiftung Demokratie Saarland

»Freiheit, Brot, Gerechtigkeit!«
Die Arbeiterbewegung an der Saar
Katalog zur Ausstellung
der Stiftung Demokratie Saarland
Saarbrücken 2007

Herausgeber: Stiftung Demokratie Saarland
Autor: Hans-Joachim Kühn
Kataloggestaltung: Thomas Störmer
Herstellung: Grafische Werkstatt, Heusweiler

ISBN: 3-933887-14-3

Wenn wir Geschichte erzählen, so tun wir es zumeist mit Worten. Die Stiftung Demokratie Saarland tut dies kontinuierlich in Form von Vorträgen, Tagungen und Publikationen. Wie wir wissen sind aber gerade auch Bilder und Zeugnisse geeignet, anschaulich aus der Vergangenheit zu berichten, wenn sie beispielsweise im Rahmen einer Ausstellung zum Sprechen gebracht werden. Die positive Resonanz auf unsere erste Wanderausstellung »Charakterköpfe und Barrikadenkämpfe. Bilder zur Revolution von 1848« hat uns ermutigt den eingeschlagenen Weg weiter zu gehen.

Im Mittelpunkt unserer zweiten Wanderausstellung steht die saarländische Arbeiterbewegung. Einem breiten Publikum sollen die Entstehung und die Entwicklung sozialer Errungenschaften in der Saarregion anschaulich vor Augen geführt werden. Anhand zahlreicher zeitgenössischer Bilder, Photographien, Karten, Tabellen, Graphiken und Textdokumenten werden einzelne Details optisch ansprechend präsentiert. Die Ausstellung zeichnet einzelne Stationen des besonderen saarländischen Weges im Kampf um soziale Gerechtigkeit nach bis zu seiner Einmündung in die allgemeine bundesdeutsche Entwicklung der Arbeitnehmerschaft und ihrer Interessenvertretung. Wie bereits die Ausstellung zur Revolution von 1848 (»Charakterköpfe«) wurde auch das vorliegende Projekt von Dr. Hans-Joachim Kühn in Zusammenarbeit mit Thomas Störmer (Grafische Werkstatt) konzipiert und umgesetzt.

Es würde mich sehr freuen, wenn die gelungene Präsentation an vielen Orten innerhalb und außerhalb unserer Region gezeigt werden würde. Unser Ziel ist es insbesondere auch bei einem jungen Publikum, das Bewusstsein für eine große Tradition wach zu rufen, für die es sich auch in Zukunft lohnt, zu arbeiten, zu streiten und, wenn notwendig, auch zu kämpfen!

Friedel Läpple
Stiftung Demokratie Saarland

Einführung

Die saarländische Arbeiterbewegung steht im Mittelpunkt unserer Ausstellung, die einem breiten Publikum Entstehung und Entwicklung sozialer Errungenschaften in der Saarregion anschaulich vor Augen führen will.

Obwohl anhand zahlreicher zeitgenössischer Bilder, Fotografien, Karten, Tabellen, Grafiken und Textdokumente einzelne Details optisch ansprechend präsentiert werden können, liegt es in der Natur der Sache, dass materielle und seelische Not, Armut, harte körperliche Arbeit, Unterdrückung, Resignation und Aufbegehren sich in einer Ausstellung kaum direkt darstellen lassen. Zudem stellen viele erhaltene schriftliche Quellen, vor allem aus der Frühzeit der Arbeiterbewegung, die Sachlage in der Regel aus der Sicht der Herrschenden, der Behörden und der Unternehmer dar. Dabei erfordern es die regionalen Besonderheiten, dass die Ausstellung sich nicht im engen Sinne auf die Organisationsgeschichte einzelner Gewerkschaften beschränkt, sondern die Lage der arbeitenden Bevölkerungsmehrheit vor dem Hintergrund der allgemeinen historischen Entwicklung der Region beleuchtet. Sie zeichnet einzelne Stationen des besonderen saarländischen Weges im Kampf um soziale Gerechtigkeit nach bis zu seiner Einmündung in die allgemeine bundesdeutsche Entwicklung der Arbeitnehmerschaft und ihrer Interessenvertretung.

Abbildung: Schichtwechsel an der Völklinger Hütte 1955.

**Die Entstehung
des Saarreviers**

Die wirtschaftlichen Lebensumstände an der Saar im 19. Jahrhundert
vom Beginn der Industrialisierung bis zum Ende des Ersten Weltkriegs
(1918) wurden geprägt durch repressive Maßnahmen der Obrigkeit
und einen patriarchalen Herrschaftsstil der privaten Unternehmer
über eine weitgehend kirchlich sozialisierte, ländlich geprägte Arbeiterschaft. Im zwanzigsten Jahrhundert überschatteten der politische
Konflikt um die nationale Zugehörigkeit des Landes und ideologische
Auseinandersetzungen die Bemühungen um die Verbesserung der Lebensverhältnisse der breiten Bevölkerungsmehrheit. In der Saarregion
beginnt die Selbstorganisation der Arbeiter im Vergleich zu anderen
deutschen Industrierevieren verhältnismäßig spät. Warum sie unter
ungleich schwierigeren Bedingungen trotzdem gelang und die Interessen der saarländischen Arbeiter erfolgreich vertreten konnte, zeigt
diese Ausstellung.

Aus bescheidenen Anfängen entstand an der mittleren Saar ab den
1840er Jahren ein Industrierevier, das vornehmlich auf der Erzeugung
von Roh- und Fertigprodukten in den Bereichen Kohle, Stahl, Glas und

*Bevölkerungsverschiebung
durch die Industrialisierung.
Die beiden Karten zeigen die
Verteilung der Bevölkerung
in den Jahren 1825 und 1925.
War vor der Industrialisierung
lediglich an den traditionellen
Verwaltungssitzen oder verein-
zelten Wirtschaftsstandorten
eine leichte Konzentration
erkennbar, so lässt die zweite
Karte die Bildung des Bal-
lungsgebietes an der Mittleren
Saar deutlich erkennen, das*

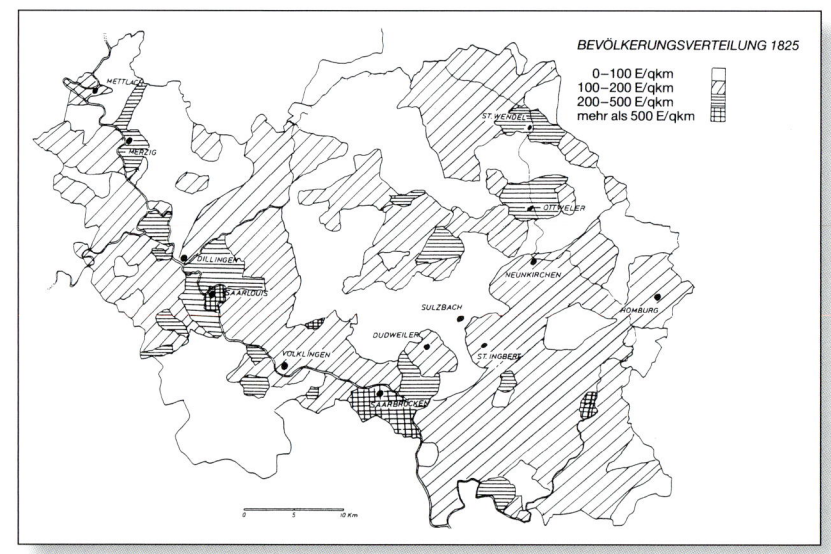

Keramik aufbaute. Am Ende dieser Entwicklung, die sich in mehreren Schüben vollzog, rangierte das Saarrevier an vierter Stelle unter den Ballungsgebieten des Deutschen Reiches.

Die wirtschaftliche Leistungsfähigkeit des Landes an der Saar führte nach zwei Weltkriegen letzten Endes zur zweimaligen Loslösung vom deutschen und Anbindung an das französische Wirtschaftssystem und zur Eigenstaatlichkeit des Saarlandes als deutsches Bundesland.

Die Saarregion gehörte im 19. Jahrhundert (1815–1918) zu den Königreichen Preußen (Rheinprovinz) und Bayern (Rheinpfalz) sowie zum Großherzogtum Oldenburg. Nach dem Wegfall der unmittelbaren Grenzlage infolge der Annexion Elsass-Lothringens nach dem Deutsch-Französischen Krieg 1870–1871 nahm die Saarregion in den beiden letzten Jahrzehnten des 19. Jahrhunderts, der sogenannten »Gründerzeit«, in einer Phase wirtschaftlicher Hochkonjunktur einen bis dahin nie gekannten Aufschwung.

Die breite Masse der einheimischen Bevölkerung war freilich bei einem zwölfstündigen Arbeitstag mit dem Überlebenskampf beschäftigt.

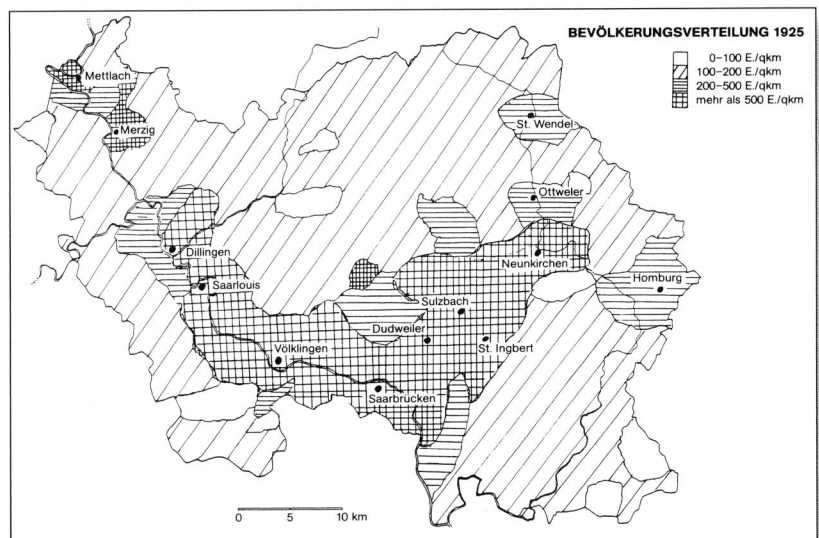

sich am Saarkohlenwald und an den Verkehrsverbindungen (Saarschiene) ausrichtet.

Aus: Jürgen Hannig (Hg.), Die Saarregion, Zeugnisse ihrer Geschichte, S. 60.

Wirtschaftskarte des Saarlandes:
Saar-Industrie 1913

Aus: Jürgen Karbach, Paul Thomes,
Geschichtliche Landeskunde des Saarlandes,
Band 3, 2. Teil: Die wirtschaftliche und soziale
Entwicklung des Saarlandes
(1792–1918), Saarbrücken 1994.

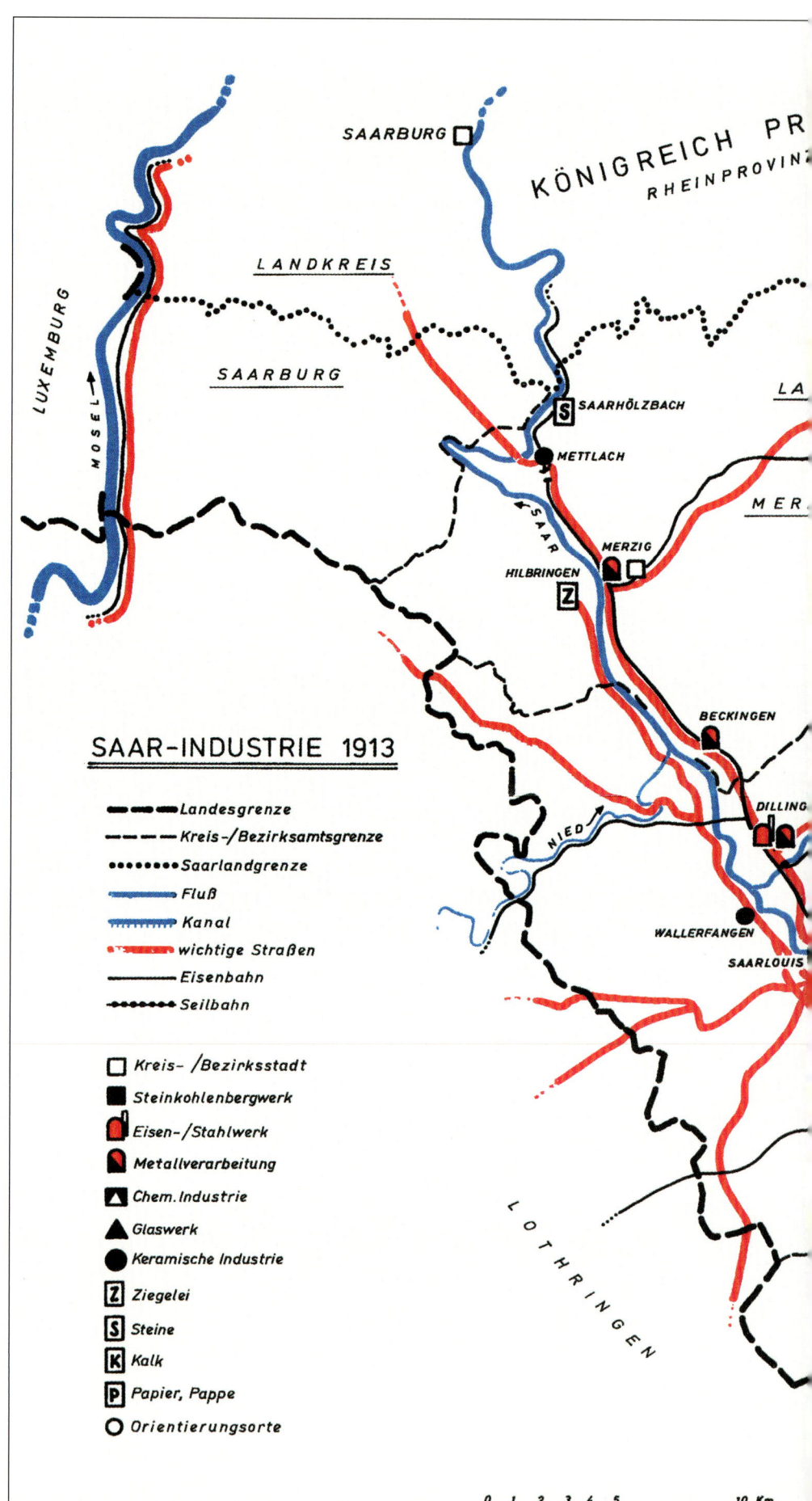

SAAR-INDUSTRIE 1913

━━━ Landesgrenze
─ ─ ─ Kreis-/Bezirksamtsgrenze
••••• Saarlandgrenze
━━━ Fluß
━━━ Kanal
••••• wichtige Straßen
─── Eisenbahn
••••• Seilbahn

☐ Kreis-/Bezirksstadt
■ Steinkohlenbergwerk
▮ Eisen-/Stahlwerk
◣ Metallverarbeitung
▲ Chem. Industrie
▲ Glaswerk
● Keramische Industrie
Z Ziegelei
S Steine
K Kalk
P Papier, Pappe
○ Orientierungsorte

0 1 2 3 4 5   10 Km

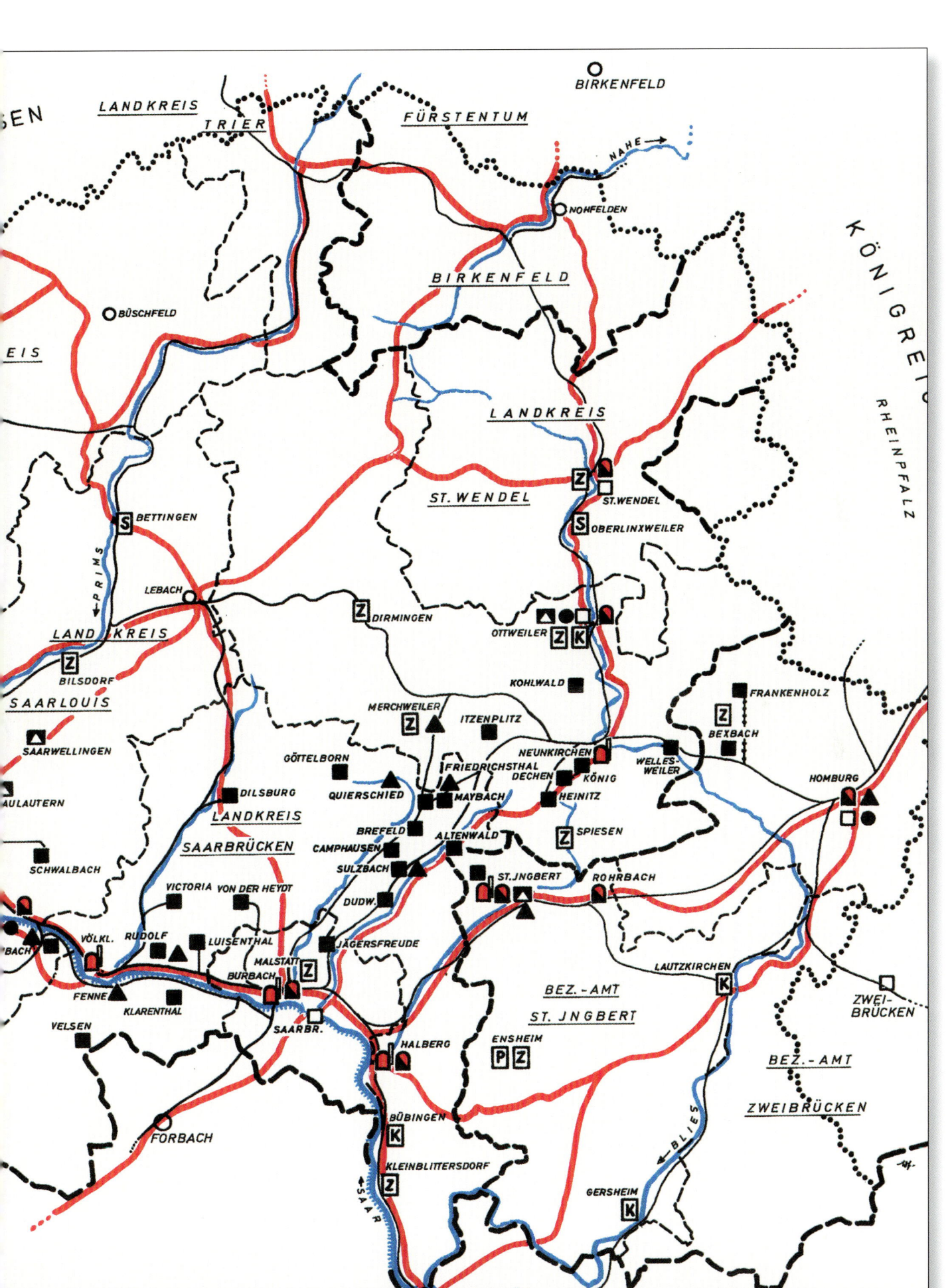

**Industrialisierung:
Kohle**

Nach einem wirtschaftlichen Aufschwung nach dem Deutsch-Französischen Krieg (1870/1871) und der folgenden allgemeinen Stagnation wurden in den neunziger Jahren eine Reihe weiterer Schächte abgeteuft. Wichtige technische Neuerungen waren die Einführung der maschinellen Seilförderung und der Schmalspurlokomotiven.

1896 waren im Steinkohlenbergbau in der Bergwerksdirektion Saarbrücken 32.768 Arbeiter beschäftigt. Die Fördermenge betrug 7.705.670 Tonnen. Die Saarkohle wurde mit der Eisenbahn und auf dem Wasserweg bis ins Mittelrheingebiet abgesetzt.

Arbeitsordnungen regelten das Verhältnis zwischen den Bergarbeitern und der Bergbehörde. Eine Schicht dauerte oft 11 oder 12 Stunden. Die während der Streiks von 1889 bis 1893 vorgebrachten Forderungen nach einer Verkürzung der Schicht und nach Mindestlöhnen konnten nicht durchgesetzt werden.

Königliche Steiger in Uniform mit prachtvollen, mit Adlern und Federbüschen geschmückten Schachthüten und Degen, um 1900.

Lichtbildarchiv der Saarbergwerke AG,
I/200/1139

Belegschaft vor
einem Abteufgerüst.

*Lichtbildarchiv der Saarbergwerke AG,
I/200/1153*

Kohlenabsatz auf der Grube
Itzenplitz. Die Fuhrwerke werden
auf dem Gelände der zum Berg-
werk Reden gehörenden Grube
Itzenplitz mit Kohlen beladen,
Aufnahme um 1900.

Heimatmuseum Merchweiler-Wemmetsweiler

Folgende Doppelseite: Schächte I
und II der Grube Viktoria in Püttlingen um 1890. In der Bildmitte
die Gleise des Grubenbahnhofs,
im Vordergrund ein Lager von
Stempelhölzern zum Stollenbau.

Industrialisierung:
Stahl

Völklingen im Jahr 1896.
Eine der ersten Ansichtskarten
mit einem Fotomotiv zeigt, von
Wehrden aus gesehen, die Stadt
und die Industrieanlagen der seit
1881 bestehenden Röchling'schen
Eisen- und Stahlwerke GmbH.

Stadtarchiv Völklingen

Die Entwicklung der Eisenindustrie war in den 1890er Jahren durch die Erfindung des Thomasstahlverfahrens und seiner Einführung in den Saarhütten geprägt. Phosphorhaltiges Roheisen konnte nun in den Produktionsprozess einfließen. Dies etablierte die Saarregion endgültig als Standort der Großindustrie.

Die Roheisenproduktion stieg von 264.741 Tonnen im Jahr 1885 auf 983.907 Tonnen im Jahr 1900. Die vier größten Werke des Saarreviers – Neunkirchen, Dillingen, Völklingen und Burbach – beschäftigten zwischen 3.300 (Burbach) und 4.200 (Neunkirchen) Arbeitern. Produziert wurden neben Bauträgern gusseiserne Rohre, Panzer- und Schiffsbleche. Den Gebrüdern Röchling gelang es in kurzer Zeit, ihr 1882 erworbenes Stahlwerk in Völklingen zu einem führenden Unternehmen in Deutschland auszubauen.

3975. Völklingen Total.

Halberger Hütte mit Halberg. Die vor 1900 entstandene Aufnahme zeigt ferner die Stumm'sche Kapelle, Arbeiterhäuser sowie entfernt über dem aufsteigenden Rauch das Denkmal auf dem Winterberg.

Landesarchiv Saarbrücken,
Bestand »Historischer Verein für die
Saargegend«, Foto Nr. 201

Schießstand mit 21-cm-Haubitze. Zur Erprobung der Widerstandsfähigkeit von Panzerplatten für Kriegsschiffe diente ein firmeneigener Schießstand der Dillinger Hütte.

Archiv der Dillinger Hütte

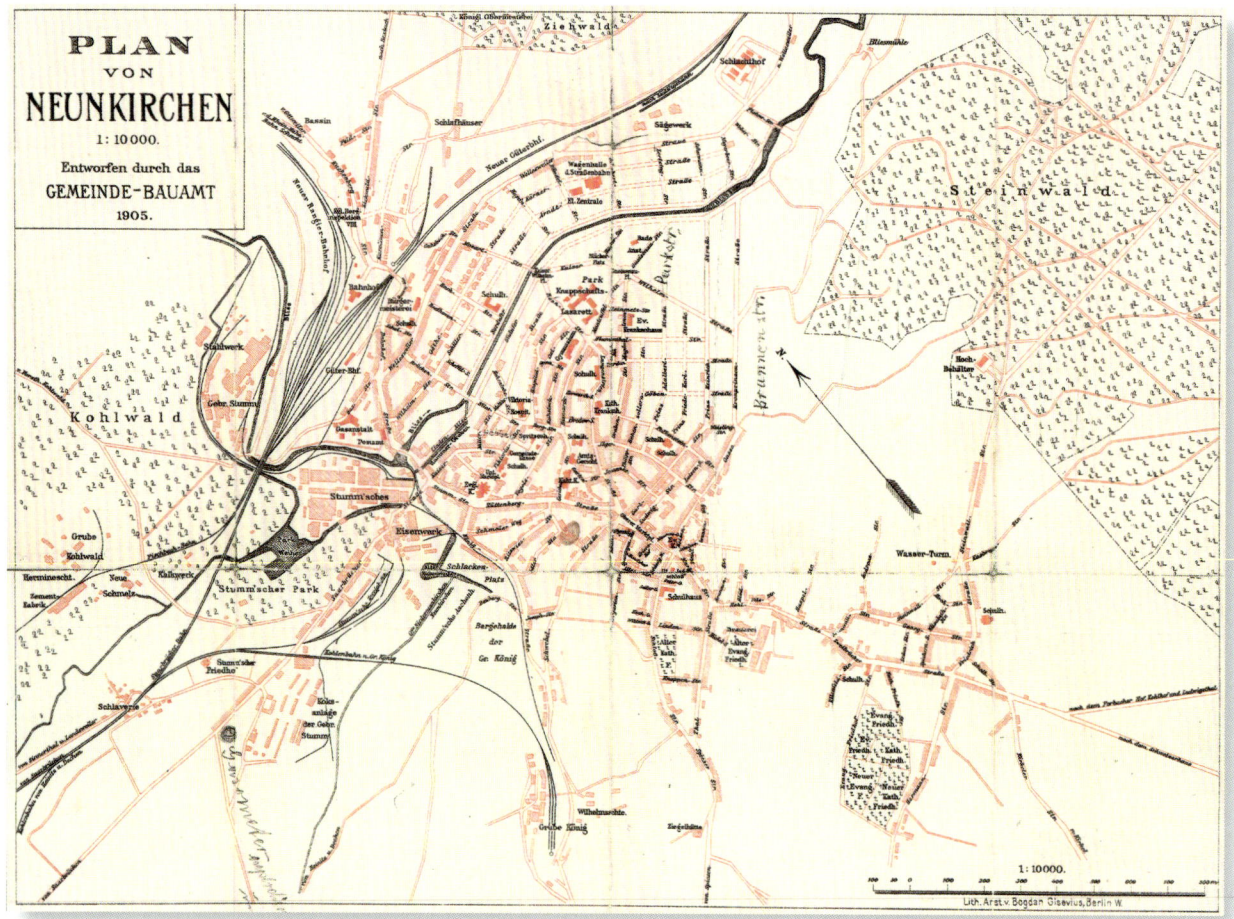

Oben: Stadtplan von Neunkirchen im Jahr 1905. Wie bestimmend Kohle und Stahl das Gesicht Neunkirchens um die Jahrhundertwende prägten, zeigt die Ausdehnung der damaligen Industrieanlagen, die unmittelbar an die Wohnsiedlungen heranreichten.

Stadtarchiv Neunkirchen

Rechts: Die Hüttenkokerei der Stumm'schen Werke in Neunkirchen bestand seit 1872.

Stadtarchiv Neunkirchen

Industrialisierung:
Glas

Neben Kohle und Stahl war die Glasindustrie der bedeutendste Industriezweig an der Saar. Zeitweise waren die »Vereinigten Vopelius'schen und Wenzel'schen Glashütten« in St. Ingbert die größten Tafelglashersteller in Deutschland.

Mit der Umstrukturierung von der handwerklich-mechanischen Erzeugung zur industriellen Technik seit den 1880er Jahren kam es zu einem Konsolidierungs- und Konzentrationsprozess, an dessen Ende neun Unternehmen mit 13 Glashütten standen.

Die saarländischen Glashütten stellten vor allem Gebrauchsglas her, wie z. B. Flaschen, Trinkgläser aller Art, Einmachgläser, Fensterscheiben u. a. m.

Flaschenmacher in Friedrichsthal. Die Flaschenmacher erhielten einen geringeren Lohn als die Walzenmacher. Der überwiegende Teil der Flaschenproduktion ging als Champagnerflaschen nach Frankreich.

Werner Klär, Friedrichsthal

GEGRÜNDET

C.RIPPERT SOHN G.mb.H. FLASCHEN u.BALLON FABRIK FRIEDRICHS...

Die auf der Postkarte abgebildete Glashütte Reppert stand am südlichen Ortsausgang von Friedrichsthal. Unten rechts ist die Glasherrenvilla in der Saarbrücker Straße eingeblendet.

Stadtarchiv Friedrichsthal, Foto Nr. 869

Folgende Seite: Zwei »Glasspatzen« aus Quierschied. Die Kittel der Glashüttenarbeiter reichten nur knapp über die Hüfte und boten daher nur geringen Schutz gegen die Strahlenwärme der Glaswannen und der zähflüssigen Walzen.

Heimatmuseum Quierschied

Industrialisierung: Keramik

In der feinkeramischen Industrie gab es 1896 an der Saar zwei renommierte Manufakturen: In der 1748 gegründeten Firma Villeroy & Boch mit den Produktionsstätten Mettlach und Wallerfangen wurden gegen Ende des 19. Jahrhunderts Fliesen, Wasch- und Gebrauchsgeschirre hergestellt. Die Steingutfabrik der Gebrüder Schmidt in Gersweiler erzeugte neben Schreibgarnituren hauptsächlich Ess- und Waschservicen und für den täglichen Bedarf gedachte Tonwaren wie Milchhafen und Haushaltstöpfe.

Die grobkeramische Industrie nahm durch den baubedingten Materialbedarf einen großen Aufschwung: Um die Jahrhundertwende produzierten an die hundert Ziegeleien Dachziegel und Backsteine, darunter das Falzziegelwerk in Bexbach und die Rheinisch-Lothringischen Ziegelwerke in Neunkirchen mit 600 Arbeitskräften.

Gruppe aus der Röhrenabteilung. Zur Produktion der Terrakotta-Fabrik zählten auch Tonröhren in den Dimensionen von fünf bis 60 Zentimetern Durchmesser, die aufgrund der Salzglasierung unverwüstlich waren.

Archiv der Fa. Villeroy & Boch, Merzig

Bearbeitung von Terrakotta-Figuren in Merzig. Bauzier von Villeroy & Boch war schon im 19. Jahrhundert weltweit bekannt und geschätzt.

Archiv der Fa. Villeroy & Boch, Merzig

Figurenlager in den 1890er Jahren. Ein guter Kunde der Firma Villeroy & Boch war König Ludwig II. von Bayern, der den gesamten plastischen Schmuck von Schloss Herrenchiemsee aus Merzig bezog.

Archiv der Fa. Villeroy & Boch, Merzig

Werbeplakat des Falzziegelwerks Bexbach um 1905.

Heimat- und Kulturverein Bexbach e.V.

28

Verkehrswesen

Nachdem 1849 mit der Eröffnung der Strecke Bexbach–Ludwigshafen für die Eisenbahn in der Saarregion der Grundstein gelegt war, erweiterte sich das Streckennetz sehr rasch. Die Gruben und Hütten fanden Anbindung, neue Absatzmärkte wurden erschlossen, und die Pendler aus den entlegenen Gebieten konnten schneller und bequemer die Industriereviere erreichen. Daneben bestimmten auch militärische Aspekte den Streckenausbau.

Von großer Bedeutung, insbesondere für die Industrie, war auch die Schiffahrt auf der Saar, die 1871 von den preußischen Behörden bis Ensdorf kanalisiert worden war. Die Péniches (kastenartige Lastkähne aus Holz oder Eisen, die zum Segeln eingerichtet waren, aber auch getreidelt werden konnten) befuhren die Saar und die lothringischen Kanäle.

Nach längeren Restaurierungsarbeiten feierte man im Jahr 1897 die Wiedereröffnung des Bildstocktunnels, der unter König Friedrich Wilhelm IV. von 1848 bis 1852 erbaut worden war.

Stadtarchiv Friedrichsthal

Querschnitt des 1896 fertiggestellten Bahnhofsvorbaus in Saarbrücken.
Das opulent ausgestattete Gebäude entsprach dem Repräsentationsbedürfnis des Kaiserreiches und stand für die Aufbruchstimmung jener Zeit.

Landesarchiv Saarbrücken, Bildersammlung, Foto Nr. 1234/1b

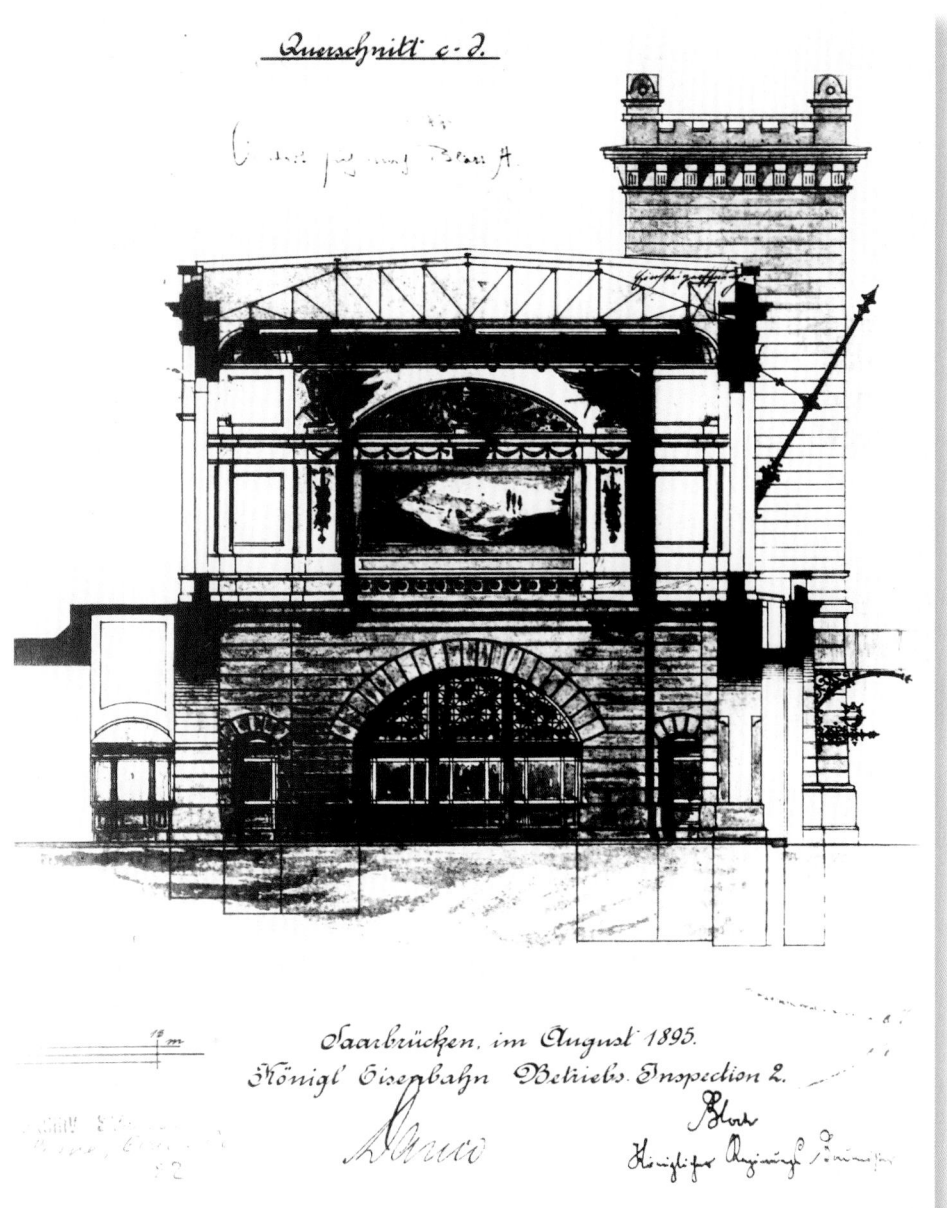

Das Streckennetz der Eisenbahn im Saarland.

*Kohlenschiff am St. Johanner Ufer.
Nach dem Bau des Saarkohlenka-
nals verkehrte in Saarbrücken die
Péniche. Gut zu erkennen ist der
Stall für die Pferde, die das Schiff
treideln (stromaufwärts ziehen)
mussten.*

Landesarchiv Saarbrücken, Bestand
»Historischer Verein für die Saargegend«,
Foto Nr. 682/3

St. Johann-Saarbrücken   Alte Brücke

*Der Große Markt in Saarlouis mit
Straßenbahn. Die neue Stadt-
bahn mit Dampfbetrieb verband
Ensdorf, Saarlouis, Wallerfangen
und Fraulautern und nahm ihren
Betrieb am 30. Juli 1897 auf.*

Historisches Museum Saar, Saarbrücken

Saarlouis.   Marktplatz.

Bahnhof St. Ingbert, um 1900.
St. Ingbert wurde am 1. Juni 1867 über Hassel und Bierbach an das
Bayerische Eisenbahnnetz angeschlossen; eine direkte Verbindung
nach Homburg entstand erst 1904.
Die Abbildung zeigt alle St. Ingberter Bahnangestellten.
Stadtarchiv St. Ingbert

Besondere Bedingungen für die Arbeiterschaft an der Saar

Als Folge der durch die Französische Revolution errungenen Gewerbefreiheit verarmten auf dem Land und in den Kleinstädten, die die Saarregion und angrenzende Gebiete kennzeichneten, die Tagelöhner und dörflichen Handwerker, die aus blanker Not ihre letzte Hoffnung in der Auswanderung sahen. Das Massenphänomen am Rande des Existenzminimums lebender ländlicher Unterschichten in der ersten Hälfte des 19. Jahrhunderts ist als »Pauperismus« erst neuerdings ins Forschungsinteresse der Historiker geraten. Die Proteste über die materielle Lage gerade der ländlichen Gemeinden trugen mit zum Ausbruch der Revolution im März 1848 bei.

An der Saar kam die Industrialisierung ab den 1840er Jahren in Gang. Wie andernorts auch brachte dieser sich beschleunigende Modernisierungsprozess eine bis dahin unvorstellbare Änderung der Arbeits- und Lebensverhältnisse mit sich. Im Zuge der Industrialisierung wuchs allmählich die neue soziale Schicht der Arbeiterschaft heran, die ihr Selbstbewusstsein erst mühsam erringen musste und deren schwierige materielle und politische Situation sich als »soziale Frage« zu den drängendsten Problemen des 19. und frühen 20. Jahrhunderts entwickelte.

Zu den wesentlichen Merkmalen, die die Entwicklung im Saarrevier von der übrigen Entwicklung in Deutschland unterscheiden, gehören folgende Besonderheiten, von denen einige erheblich zur Bildung saarländischer Identitätsmuster beigetragen haben:

- Eine lang anhaltende konfessionelle Prägung weiter Bevölkerungskreise und die Verquickung religiöser Prägungen mit Herrschafts- und Besitzfragen.
- Die Weiterführung ländlicher Lebensweisen in einem sich formierenden Industrierevier im Grünen, begünstigt durch die Förderung des Eigenheimbaus.
- Die Rekrutierung der Arbeiterbevölkerung aus dem unmittelbaren Umland, die den Pendlern in einer immer schneller sich wandelnden Umgebung in Familie, Haus und sozialem Umfeld zumindest einen Traum von heiler Welt und persönlichem Halt vermittelte.

Arbeiterhaus der Familie Kugler in Gersweiler. Stark beengte Wohn- und Lebensverhältnisse bestimmten lange das Alltagsleben der saarländischen Arbeiterschaft.

Aus: Richard van Dülmen (Hg.), Industriekultur an der Saar, Leben und Arbeit in einer Industrieregion 1840–1914, München 1989, S. 176

- Die aus dem 18. Jahrhundert überkommene Ausbeutung der Steinkohlen durch den Staat, während die Eisenverhüttung in den Händen privater Unternehmer lag. In der Konfrontation der Bergarbeiter mit dem preußischen Staat kommen somit latente Konflikte der Bevölkerungsmehrheit exemplarisch zum Ausdruck.

Obrigkeit und Untertanen, Militarismus

Vaterländische Festtage, Königs-, dann Kaiserkult und Vorliebe für alles Militärische fanden wie überall im Zweiten Kaiserreich auch an der Saar ihren Ausdruck in staatlichen Feiern, Paraden, Fahnen, Wappen und Uniformen, gefördert durch den preußischen Bergfiskus als größten Unternehmer im Saarrevier. An den zahlreichen patriotischen Gedenktagen, wie z. B. an Kaisers Geburtstag (27. Januar) oder am Sedanstag (2. September) fanden festliche Feiern statt, bei denen Beamte, Lehrer und andere Honoratioren vaterländische Reden hielten, Schulkinder Gedichte aufsagten und Brezeln erhielten.

Die strenge hierarchische Gliederung der wilhelminischen Gesellschaft und die weit verbreitete Untertanenmentalität lassen sich in der Saarregion beispielsweise an Fotografien von Grubenbediensteten ablesen, die jeweils separat die Direktoren, Beamten und Arbeiter zeigen. Es war üblich, vor einem Offizier oder Beamten in Uniform ehrerbietig den Hut zu ziehen und gegebenenfalls vom Trottoir zu weichen. Reserveunteroffiziere trugen auch als Bahn-, Post und Polizeibeamte weiterhin Uniform, was sie zweifellos zum Gebrauch eines strengen Kommandotons qualifizierte.

Die Militarisierung der Gesellschaft verstärkte sich noch unter Kaiser Wilhelm II. (1888–1918), der unbekümmert in kraftmeierisch polternden Reden Deutschlands Größe beschwor, und gipfelte in der Militärdiktatur während des Ersten Weltkrieges.

100-Mark-Reichsbanknote mit Abbildung dreier Schiffe der kaiserlichen Kriegsmarine, Germania mit Wappenschild und Kaiserkrone und Symbolen für Landwirtschaft, Handel und Handwerk auf der Rückseite.

Aufmarsch des preußischen Infanterie-Regiments Nr. 30 auf dem Paradeplatz in Saarlouis.
Stadtarchiv Saarlouis

Rechts: Bergmannvereine stellen sich vor dem festlich geschmückten Saarbrücker Schloss in fast militärischer Ordnung, anläßlich eines Bergfestes um 1900, zum Umzug auf.

38

Kaisers Geburtstag in München

„Entschuldigen Sie, was is denn heut' für 'n Feiertag?" — „A protestantischer."

Karikaturen aus der satirischen Zeitschrift »Simplizissimus«.

Aus: Simplizissimus, 2. Jg. 1897, S. 29
und 4. Jg. 1899, S. 391.

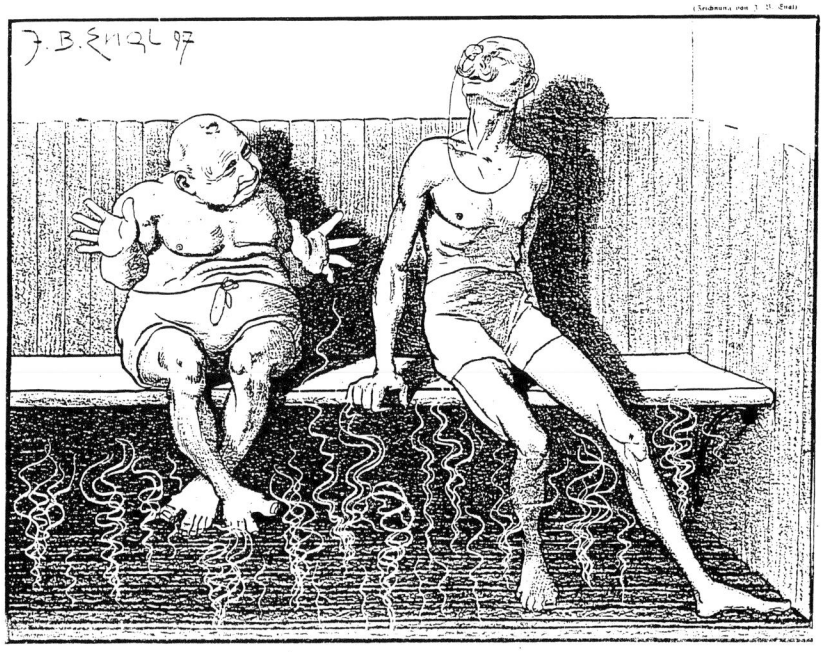

„Herr Lieutenant tragen das Monocle im Bad?"   „Ih, befürchte sonst für Civilisten gehalten zu werden."

Konfession und Herrschaft

Die beiden christlichen Konfessionen spielten im Saarrevier eine wichtige Rolle trotz der Trennung von Kirche und Staat seit der Französischen Revolution. Während die Bevölkerung in den vormals zum Herzogtum Lothringen, zum Kurfürstentum Trier und zu kleineren Herrschaften (von der Leyen, von Kriechingen, von Kerpen) gehörigen Landesteilen der katholischen Kirche angehörte, waren die Landkreise Saarbrücken und Ottweiler sowie das Bezirksamt Homburg (pfalz-zweibrückisch) evangelisch geprägt. Durch das Anwachsen und den ständigen Zuzug von Arbeitern, insbesondere aus dem katholischen Hochwaldraum, kippte schon bald die Bevölkerungsmehrheit im Industrierevier an der mittleren Saar, wo über zwei Drittel katholischen Arbeitern nur mehr knapp ein Drittel alteingesessener protestantischer, grundbesitzender Bauern, Beamter und einer kleinen vermögenden Oberschicht gegenübertrat.

Diese Verschränkung konfessioneller und sozialer Unterschiede bot im Alltag manchen Zündstoff für Konflikte und wurde durch die tradi-

Prozession zu Fronleichnam. In einer von einer protestantischen Oberschicht dominierten Welt fanden die katholischen Arbeiter Schutz in ihrer seit dem Kulturkampf zum Staat deutlich im Gegensatz stehenden Kirche.

Stadtarchiv Dillingen

tionelle Förderung des evangelischen Glaubens durch das preußische Königshaus noch verstärkt, denn auch das aus Preußen und Sachsen stammende höherqualifizierte Fachpersonal in Verwaltung und Bergbau unterschied sich durch Sprachform, Konfession und soziale Gepflogenheiten deutlich von den einheimischen Arbeitern.

Im Kulturkampf (1871–1878), ausgelöst durch das Unfehlbarkeitsdogma Papst Pius' IX., trat Bismarck für die Trennung von Kirche und Staat ein (Schulaufsichtsgesetz, Zivilehegesetz). Neben zahlreichen anderen repressiven Maßnahmen kam es zu Verhaftungen von Bischöfen und Priestern und zum Militäreinsatz bei den Marienerscheinungen in Marpingen (1876). Das Zentrum als politisches Sprachrohr der katholischen Kirche ging bei den Reichstagswahlen 1874 gestärkt aus dem Konflikt hervor und blieb bis zum Ersten Weltkrieg die stärkste politische Kraft an der Saar.

Die Rolle der Pfarrer beider Konfessionen im Alltagsleben der schnell wachsenden Gemeinden, in Schule und Öffentlichkeit, kann kaum überschätzt werden. Das altüberkommene, verinnerlichte hierarchische Führungsmodell, das der katholischen Kirche wie dem preußischen Militär innewohnte, war ein gemeinsames, allgemein akzeptiertes Grundmuster beider noch so unterschiedlichen Kontrahenten. Die allgemein anerkannte Pflicht zum sonntäglichen Gottesdienstbesuch und die vielfältigen kirchlichen Aktivitäten boten den Gläubigen Richtschnur und Lebenshilfe und stellten oft eine beeindruckende Demonstration lebendigen kirchlichen Einflusses auf die Arbeiterschaft dar.

Abbildung rechts: Die Marienerscheinung, die Susanna Leist, Margaretha Kunz und Katharina Hubertus am 3. Juli 1876 hatten, machte Marpingen zum saarländischen Wallfahrtsort. Aufnahme um 1877.

Aus: Lieselotte Kugler (Hg.), Grenzenlos, Lebenswelten in der deutsch-französischen Region an Saar und Mosel seit 1840, Historischen Museum Saar, Saarbrücken 1998, S. 238

42

Stumm als patriarchaler Unternehmer

Carl Ferdinand Stumm (1836–1901), Geheimer Kommerzienrat, Freiherr, Abgeordneter im preußischen Abgeordnetenhaus und im deutschen Reichstag, Gründungsvorsitzender der Deutschen Reichspartei, war einer der reichsten und einflussreichsten Männer Preußens und beherrschte ein industrielles Imperium, zu dem neben umfangreichen Erzlagerstätten die Hüttenwerke Brebach, Dillingen und Neunkirchen im Saarrevier und Ückingen in Lothringen gehörten und das die Zeitgenossen »Königreich Stumm« nannten. Er war verantwortlich für die Einführung großindustrieller Technik in der Stahlindustrie und blieb gleichzeitig ein Exponent patriarchal geprägter Unternehmer, denen das wilhelminische Kaiserreich seinen repressiv-obrigkeitlichen Kurs verdankte.

Die Arbeitsordnungen in Stumms Werken forderten eine eiserne militärische Disziplin. Fleiß und Gehorsam galten als höchste Tugenden der Arbeiter. Der Hüttenbaron achtete auch auf die Moral und das Familienleben seiner Angestellten: So erhielt beispielsweise eine Heiratserlaubnis nur, wer Militärdienst geleistet und in die firmeneigene Zwangssparkasse eingezahlt hatte.

Die Grundlage des Herrschaftssystems Stumm war aber das Arbeitsverhältnis, das als persönliche Bindung zwischen Unternehmer und Arbeiter aufgefasst wurde, wobei der Arbeiter nur Pflichten hatte und Gegenleistungen allein aus Gnade und Barmherzigkeit seines Patrons empfing. Lohnkostenvorschüsse zum Hausbau, Leistungen des Knappschaftsvereins und vieles andere waren an das Wohlverhalten des Arbeiters gebunden. Es handelte sich also nach heutigem Verständnis um ein fein ausgeklügeltes soziales Erpressungssystem.

Arbeiterspeiseanstalt der Dillinger Hütte. Ein wichtiger Bestandteil der Mahlzeiten war das von Bäcker Bach aus Diefflen gelieferte Kommissbrot.

Alfred Behr, Dillingen

Carl-Ferdinand Freiherr von Stumm-Halberg, geboren 30. März 1836 in Saarbrücken, gestorben 8. März 1901 in Brebach, 1854–1858 Studium der Rechts- und Staatswissenschaften, dann der Eisenkunde in Bonn und Berlin, 1858 Eintritt in die Werksleitung, Abschaffung der Frauenarbeit im Werk, Wohnungs- und Schulbau, 1867–1871 im Norddeutschen Reichstag und Preußischen Abgeordnetenhaus, dann im Reichstag, ab 1882 im Preuß. Herrenhaus; Gründungen: 1877 »Komitee der Arbeitgeber zur Bekämpfung der Socialdemokratie«, 1882 »Verein zur Wahrnehmung der gemeinsamen wirtschaftlichen Interessen der Saarindustrie« und »Südwestdeutsche Gruppe des Vereins der Deutschen Eisen- und Stahlindustriellen«.

Aus: Jürgen Karbach, Paul Thomes, Geschichtliche Landeskunde des Saarlandes, herausgegeben von Hans-Walter Herrmann, Band 3, 2. Teil: Die wirtschaftliche und soziale Entwicklung des Saarlandes (1792–1918), Mitteilungen des Historischen Vereins für die Saargegend e.V., Neue Folge, Heft 5, Saarbrücken 1994, S. 344, Abb. 60

46

**Wohnungsbau, das
»Bergmannsprämienhaus«**

Mit dem allgemeinen Aufschwung in der Industrie ging der Fortschritt im sozialen Bereich vergleichsweise zögerlich einher.

Zum Bau der sogenannten Saarbrücker Bergmannsprämienhäuser gab es seit 1841 unverzinsliche Darlehen und Prämien aus der Staatskasse. Ein kleiner Haustyp mit 61,4 m² Wohnfläche kostete zwischen 4.800 und 5.400 Mark. Er enthielt im Erdgeschoss einen Flur, eine Küche und drei Zimmer, im Dachgeschoss eine Stube, eine Kammer und einen Speicherraum und im Keller einen Stall, Wasch- und Futterküche sowie Vorratskeller. Freilich war das Prämienhaussystem keine uneigennützige Einrichtung der preußischen Bergverwaltung, die davon ausging, dass ein Bergmann, der einen staatlichen Kredit in Anspruch nahm, gegen aufrührerische, sozialrevolutionäre Ideen gefeit war.

Kleine Arbeiterbauern- und Arbeiterhäuser prägen nachhaltig das Gesicht vieler Städte und Dörfer im saarländischen Industrierevier. Die Mehrheit der Berg- und Hüttenarbeiter wohnte noch im Dorfverband, der vorwiegend landwirtschaftlich strukturiert ist. Parallel dazu entstanden Arbeiterhäuser und Siedlungen in unmittelbarer Nähe der Produktionsstätten.

Kargheit und eine trostlose Atmosphäre kennzeichneten die Innenräume der Schlafhäuser und vieler Arbeiterwohnungen. Nur eine verschwindend kleine Oberschicht leistete sich repräsentative Prachtsalons wie die Familie von Boch in der Alten Abtei zu Mettlach. Im Vergleich zu bürgerlichen Wohnungen sind die engen Räume der Arbeiterhäuser mit wenigen einfachen Möbeln ausgestattet.

*Bergarbeiterhäuser aus der Grün-
derzeit der Kolonie Buchschachen
nach 1858, Aufnahme 1958 (heuti-
ge Rathausstraße, Riegelsberg).*

Aus: Jürgen Karbach, Paul Thomes, Geschicht-
liche Landeskunde des Saarlandes, herausgege-
ben von Hans-Walter Herrmann, Band 3, 2. Teil:
Die wirtschaftliche und soziale Entwicklung
des Saarlandes (1792–1918), Mitteilungen des
Historischen Vereins für die Saargegend e.V.,
Neue Folge, Heft 5, Saarbrücken 1994, S. 330,
Abb. 39

*Innenraum eines Schlafhauses.
Die Aufnahme entstand 1905 im
Schlafhaus der Grube Von-der-
Heydt.*

Aus: Rainer Slotta, Förderturm und Berg-
mannshaus, Saarbrücken 1979, S. 42.

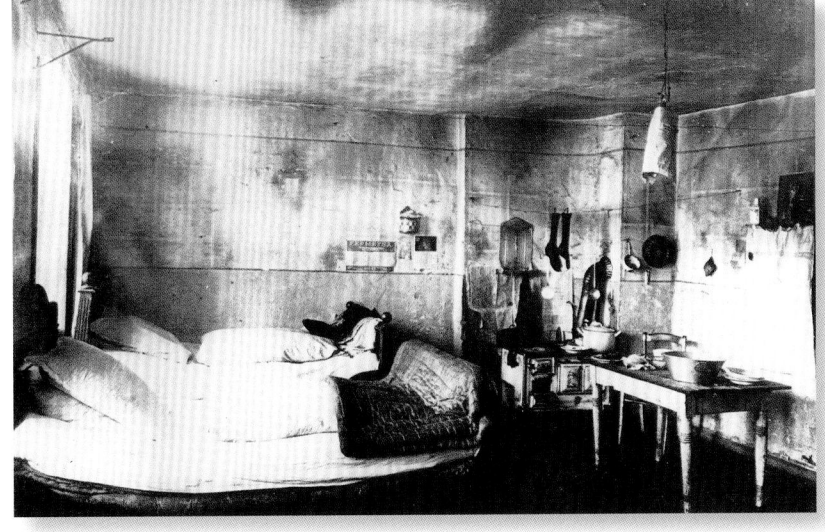

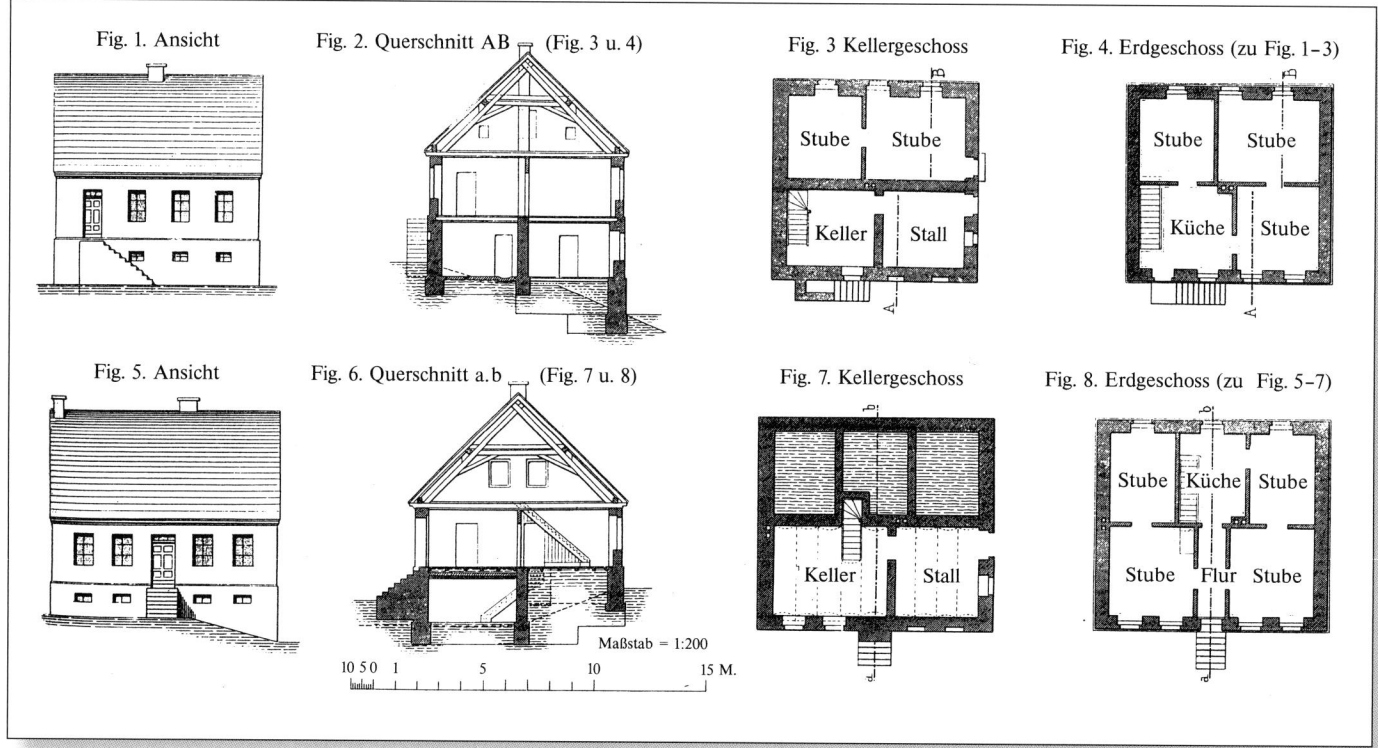

Ansicht und Schnitte zweier Prämienhäuser in Sulzbach um 1870.
Das obere (Figur 1–4) wird noch über die seitliche Tür mit direktem
Zugang zur Küche erschlossen. Das etwas größere Prämienhaus unten
(Figur 5–8) besitzt schon einen Flur, von dem zwei Wohnungen mit
allerdings nur einer Küche abzweigen.

Aus: Richard van Dülmen (Hg.), Industriekultur an der Saar, Leben und Arbeit in einer Industrieregion
1840–1914, München 1989, S. 153

Salon in der Alten Abtei in Mettlach.
Am Ort der ehemaligen Privatwohnung von Boch
befindet sich heute die Generaldirektion der Firma
Villeroy & Boch.

Archiv der Fa. Villeroy & Boch, Merzig

Folgende Seite: Bergmannsunterkunft. Auf dem
Gelände der Grube Griesborn (Ortsteil von Schwalbach) stand in einer mit rohen Bohlen abgeteilten
Nische unter einem schadhaften Bretterdach als
einziges Möbelstück dieses Bett.

Aus: Jürgen Karbach, Paul Thomes, Geschichtliche Landeskunde des
Saarlandes, herausgegeben von Hans-Walter Herrmann, Band 3, 2. Teil:
Die wirtschaftliche und soziale Entwicklung des Saarlandes (1792–1918),
Mitteilungen des Historischen Vereins für die Saargegend e.V., Neue
Folge, Heft 5, Saarbrücken 1994; S. 331, Abb. 41

Alltag einer Arbeiterfamilie

Der Alltag einer Familie am Ende des vorigen Jahrhunderts stand ganz im Zeichen des täglichen Broterwerbs. Sowohl ein Handwerker als auch ein Industriearbeiter verbrachte die Hälfte seines Tages bei der Arbeit. Die zwölfstündige Schicht begann während der Sommermonate um 6.00 Uhr morgens und wurde laut allgemeiner Arbeitsordnung der Dillinger Hüttenwerke von 1892 nur für eine einstündige Mittagspause sowie für je eine viertelstündige Frühstücks- und Nachmittagspause unterbrochen. Zur Erholung (in Familie, Wirtshaus und in Vereinen) blieb nur der Sonntag.

Die Einkommenssituation zwang viele Familien zum landwirtschaftlichen Nebenerwerb, der zumindest den Eigenbedarf an Kartoffeln, Gemüse, Obst und Futtergewächsen decken musste. Die Frauen verrichteten die Erziehungs-, Haus- und Gartenarbeit.

Essentragende Frauen.
Die Frauen bringen ihren Männern das Essen in die Neunkircher Hütte. Sie waren dazu verpflichtet, das Werksgelände schnellstmöglich wieder zu verlassen.

Stadtarchiv Neunkirchen

Waschfrauen an der Prims.
Waschen, noch dazu draußen am Fluss, bedeutete für die Frauen bei
jeder Jahreszeit schwere körperliche Arbeit.

Alfred Behr, Dillingen

Arbeiterkultur:
Vereine, Feiern, Wirtshäuser

Zur körperlichen und geistigen Erholung blieb nur der Sonntag, der immer mehr dazu genutzt wurde, sich in Vereinen zu treffen.

Anlässe sich zusammenzuschließen waren neben konfessionellen (Kirchenchöre, Bruderschaften) und wirtschaftlichen Beweggründen (Konsum- und Kreditvereine, Sterbekassen) auch Geselligkeit, Kultur und Sport, das Militär sowie das Interesse an Obst- und Kleintierzucht. In Neunkirchen gründete man allein im Jahre 1896 vierzehn Vereine, drei Sterbekassen, einen Konsumverein und zehn Freizeitvereine. Ein weiterer Anlass zur Vereinsgründung kann auch in der Umgehung der streng gehandhabten Polizeistunde gesehen werden.

Unter den zahlreichen Wirtshäusern erfreuten sich manche auch an abgelegenem Standort (im Wald, an Bergmannspfaden) eines steten Zustroms der Bergleute. Bier und Schnaps sorgten dafür, dass es sehr häufig zu Schlägereien und Messerstechereien kam.

Speisewirtschaft von Carl Willenbrock in der Poststraße in Völklingen um 1900 nach einer Postkarte.

Heimatmuseum Warndt, Völklingen-Ludweiler, Film Nr. 163, Negativ Nr. 18

*Kaffeeküche Maybach. Den Berg-
leuten »ein billiges Frühstück in
guter Beschaffenheit und dieses
in einem behaglichen, im Winter
gewärmten Raume anbieten«,
sollten die seit 1886 bestehenden
Kaffeeküchen.*

Stadtarchiv Friedrichsthal, Foto Nr. 262

*Biergarten »Münchener Kindl«.
Eine Damenkapelle unterhält die
Gäste bei einem Lampionfest.*

Alfred Behr, Dillingen

Politische Parteien und Wahlen

Im Unterschied zum Dreiklassenwahlrecht in Preußen wurde der Reichstag nach allgemeinem, freiem Wahlrecht gewählt. Im vom protestantischen Bürgertum geprägten Wahlkreis Saarbrücken, dem Kernbereich des Saarreviers, waren die Nationalliberalen traditionell die stärkste politische Kraft, während in den ländlichen katholischen Regionen, im Wahlkreis Saarburg-Merzig-Saarlouis, das Zentrum regelmäßig die meisten Stimmen erhielt. Im konfessionell gemischten Wahlkreis Ottweiler-St. Wendel-Meisenheim konnte das Zentrum erst nach dem Tod des freikonservativen Abgeordneten Carl Ferdinand Stumm ab 1903 erstmals stärkste Partei werden. Im pfalzbayrischen Bezirksamt Homburg rangierten die Nationalliberalen vor dem Zentrum und dem Bund der Landwirte. Daneben blieb die Sozialdemokratie im Saarrevier bis zum Zusammenbruch des Kaiserreichs zur politischen Bedeutungslosigkeit verurteilt.

Übersicht über die Vertreter der Saarkreise im Reichstag während der I.—XIII. Legislaturperiode und über ihre Fraktionszugehörigkeit			
Legislatur-periode	Wahlkreis Saarbrücken Name des Abg. und Fraktion	Wahlkreis Ottweiler-St. Wendel-Meisenheim Name des Abg. und Fraktion	Wahlkreis Saarburg-Merzig-Saarlouis Name des Abg. und Fraktion
I. 1870—1874	Krug v. Nidda, Reichspartei	Stumm, Reichspartei	Bellinger, seit 1871 Haanen, Zentrum
II. 1874—1877	Bluhme, seit 1876 Pfaehler Nat.-Lib.	Stumm, Reichspartei	Haanen, Zentrum
III. 1877—1878	Pfaehler Nat.-Lib.	Stumm, Reichspartei	Haanen, Zentrum
IV. 1878—1881	Pfaehler Nat.-Lib.	Stumm, Reichspartei	Haanen, Zentrum
V. 1881—1884	Pfaehler Nat.-Lib.	Täglichsbeck, Nat.-Lib.	Haanen, Zentrum
VI. 1884—1887	Pfaehler Nat.-Lib.	Bormann, Reichspartei	Haanen, Zentrum
VII. 1887—1890	Pfaehler Nat.-Lib.	Bormann, seit 1889, Stumm, Reichspartei	Haanen, Zentrum
VIII. 1890—1893	Pfaehler Nat.-Lib.	Stumm, Reichspartei	Haanen, Zentrum
IX. 1893—1898	Boltz, Nat.-Lib.	Stumm, Reichspartei	Roeren, Zentrum
X. 1898—1903	Boltz, Nat.-Lib.	Stumm, Reichsp. seit 1901 Prietze, Nat.-Lib.	Roeren, Zentrum
XI. 1903—1907	Boltz, Nat.-Lib.	Fuchs, Zentrum	Roeren, Zentrum
XII. 1907—1912	Boltz, Nat.-Lib.	v. Schubert, ohne, Aspirant der Nat.-Lib.	Roeren, Zentrum
XIII. 1912—1918	Bassermann, seit 1917 Herwig, Nat.-Lib.	Koßmann, Zentrum	Roeren, seit 1912 Dr. Werr, Zentrum

Die gewählten Reichstagsabgeordneten aus den preußischen Landkreisen an der Saar 1870–1918.

Bellot, 100 Jahre politisches Leben an der Saar, Anhang

Bergmanns- und Arbeitervereine

Am 12. Mai 1848 wollten etwa 150 Eisenbahnarbeiter, bei denen es sich zumeist um nicht ständig beschäftigte Bergleute handelte, bei einer tumultartigen Demonstration eine Lohnerhöhung erzwingen; die Bewegung wurde von der Neunkircher Bürgerwehr unterdrückt. Der Streik der Saarlouiser Buchdrucker im August 1848 zog drei Jahre später immerhin eine erste gewerkschaftliche Organisation nach sich, die als lokale Unterstützungskasse weiterexistierte.

Der Ottweiler Pfarrer Johann Anton Ludwig Hansen, der sich der Revolution zugewandt hatte und 1848 in die preußische Nationalversammlung und danach in den Landtag gewählt worden war, widmete sich dem Aufbau des kirchlichen Vereinswesens und gründete am 2. Dezember 1855 in Ottweiler die erste St.-Barbara-Bruderschaft, die sich auf die bergmännische Traditionspflege und christliches Wohlverhalten stützte. Der Ottweiler Verein, der 1863 zur »Erzbruderschaft« (Dachverband) erhoben wurde, wirkte leitbildprägend für die katholischen Arbeitervereine, in denen durch den Ehrenvorsitz des Ortsgeistlichen als Präses der Kirche ein bestimmender Einfluss gesichert war.

Umzug eines saarländischen Bergmannsvereins um 1990.

Wirkten die St.-Barbara- und St.-Josefs-Vereine eher religiös, so lag der Schwerpunkt der ab 1859 entstehenden Knappenvereine im geselligen Bereich, daneben das Kolpingwerk (kath. Gesellenvereine) und die KAB (Kath. Arbeit[nehm]er-Bewegung). Gleichzeitig entstanden auch Geselligkeits- und Selbsthilfeorganisationen in der Rechtsform von Vereinen. Die gezielten Organisationsbestrebungen der evangelischen Arbeiter zur Zeit des Großen Streiks 1889 hatten auf Grund des guten Verhältnisses der evangelischen Kirche zum preußischen Staat beileibe nicht die Wirkung und Bedeutung der katholischen Vereine.

Neben Familie und Betrieb bildeten die Vereine eine weitere Ebene sozialer Identifikation für die Arbeiter.

Vereinsfahne aus Bous.
Aus der Bergmannsbruderschaft war infolge der industriellen Entwicklung der Verein der »Berg- und Fabrickarbeiter Bous 1895« entstanden.

Aus: Jahreskalender 1996 des Landesverbandes der Berg-, Hütten- und Knappenvereine des Saarlandes e.V., Dillingen 1995.

58

Die Gründung der SPD und das Sozialistengesetz

An der Saar sah sich die sozialistische Arbeiterbewegung konfrontiert mit Regierungen, Kirchen und patriarchal geprägten Unternehmern, die sich untereinander zwar bekämpften, in ihrer Ablehnung sozialdemokratischer Ideen aber einig waren. Dies wirkte Jahrzehnte nach und kann geradezu als typisch für die verspätete Entwicklung an der Saar gelten.

Anfänge sozialdemokratischer Bemühungen lassen sich ab 1870 in der regionalen Presse nachweisen. Der erste sozialdemokratische Ortsverein im Saarrevier wurde im Mai 1876 in St. Johann gegründet; zu den ersten Gewerkschaften gehörte die Saarbrücker Ortsgruppe des Klempnerverbandes (März 1874) und des Buchdruckerverbandes (Januar 1876). Schon bald dehnten die Sozialdemokraten ihre »Agitation« auf die umliegenden Wohnorte der Bergleute aus. Auf Veranlassung des Hüttenbarons Carl Ferdinand Stumm beschlossen die größten Unternehmen im Saarrevier am 6. Juli 1877 das sogenannte »Sozialistengesetz der Saarindustrie«. Im Vorgriff auf das entsprechende Reichsgesetz sollten sozialdemokratische Arbeiter sofort entlassen und auch in anderen Betrieben nicht wieder eingestellt werden; durch Druck auf den Vermieter sollte ein gesellschaftlicher Abstieg oder die Abwanderung erzwungen werden. Die Aktivisten der SPD aus St. Johann wurden durch Hausdurchsuchungen, Versammlungsverbote, Verhaftungen und Verurteilungen zu langjährigen Gefängnisstrafen wegen Störung der öffentlichen Ordnung und Beleidigung in die Knie gezwungen. Eine flächendeckende, unbehinderte politische Arbeit war so für die Arbeiterbewegung nicht möglich.

Zulasskarte zur ersten SPD-Parteikonferenz im Saarrevier am 15. November 1891, die polizeilich verboten wurde.

Aus: Klaus-Michael Mallmann, Gerhard Paul, Ralph Schock, Reinhard Klimmt (Hg.), Richtig daheim waren wir nie, Entdeckungsreisen ins Saarrevier 1815–1955, Bonn 1995, S. 67

SOZIALDEMOKRATISCHE PARTEI.
Erste Parteikonferenz für das Saarrevier.
Zulass-Karte
zu den in Dudweiler, Wirthschaft Fuhrmann, am Sonntag, den 15. November, Nachmittags 3 Uhr, stattfindenden Verhandlungen.
An der Kasse sind 20 Pfg. Eintrittsgeld zu entrichten.

Verschiedene Kopfleisten sozialdemokratischer Presseorgane. Infolge wiederholten Verbotes durch die Behörden des Kaiserreiches blieben die Zeitungen zumeist sehr kurzlebig.

Aus: Klaus-Michael Mallmann, Gerhard Paul, Ralph Schock, Reinhard Klimmt (Hg.), Richtig daheim waren wir nie, Entdeckungsreisen ins Saarrevier 1815–1955, Bonn 1995, S. 66 und 69

Der Rechtsschutzverein

Im Mai 1889 kommt es im preußischen Staatsbergbau zum ersten Massenstreik in der Saarindustrie. Es geht um unzureichende Löhne und schlechte Arbeitsbedingungen. Der aus Hasborn stammende Bergmann Nikolaus Warken führt die streikenden Bergleute in Bildstock an; nach kurzer Zeit befindet sich ein Großteil des Saarreviers im Ausstand.

Nikolaus Warken und seine Frau

Aus: Werner Klär, Martin Ried, Helga Strupat, »Freiheit, Brot, Gerechtigkeit«, Bergarbeiterleben im 19. Jahrhundert, Katalog zur Ausstellung im Rahmen des Jubiläums ‚100 Jahre Rechtsschutzverein', herausgegeben vom Arbeitskreis ‚Geschichtliche Entwicklung Friedrichsthals' an der Volkshochschule des Stadtverbandes Saarbrücken, Saarbrücken 1989, S. 29

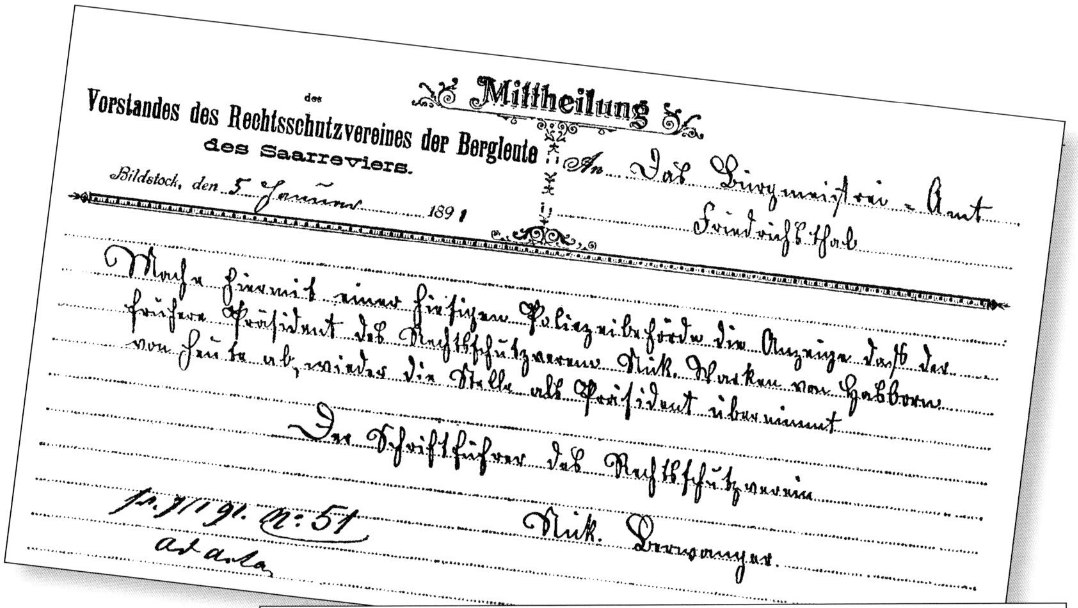

Mittheilung

Vorstandes des Rechtsschutzvereines der Bergleute des Saarreviers.

Bildstock, den 5. Januar 1891

[handwritten text]

p. 5/1 91. № 51

Mitteilung des Rechts-schutzvereins an das Bürgermeisteramt Friedrichsthal, aus der hervorgeht, dass Warken (nach Verbüßung einer Haftstrafe) die Geschäfte des 1. Vereinsvorsitzenden am 5. Januar 1891 wieder übernahm.

Aus: Friedrichsthal, Bildstock, Maybach, Bilder und Dokumente zur Geschichte der Stadt, herausgegeben im Selbstverlag von Heimat- und Verkehrsverein Friedrichsthal-Bildstock e.V., Friedrichsthal 1975, S. 113

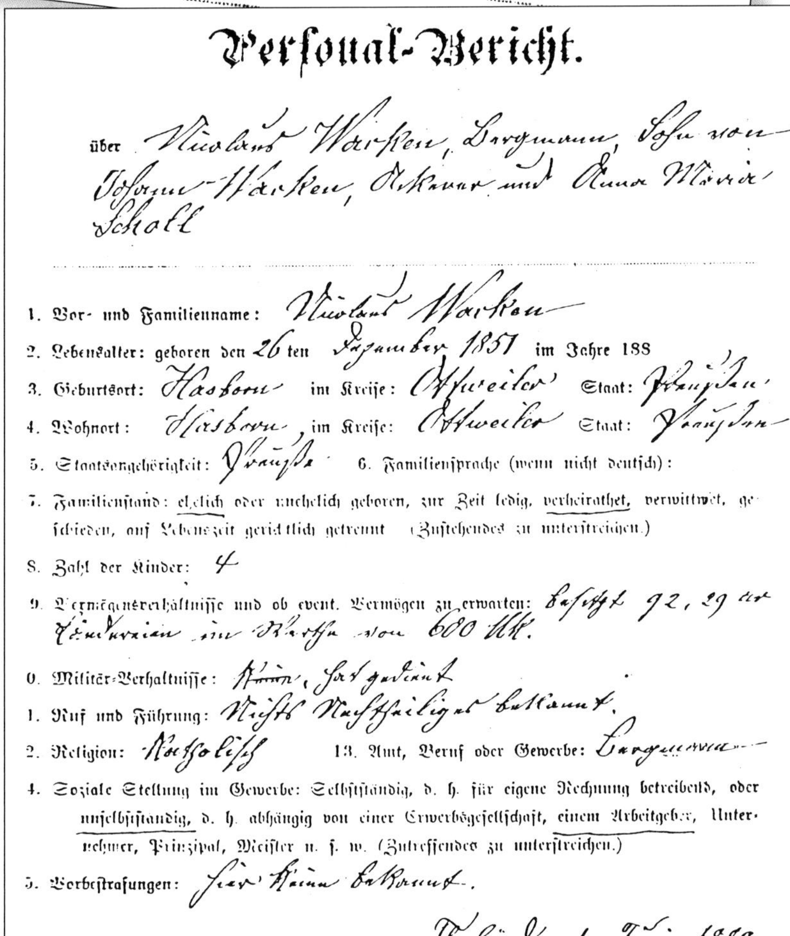

Polizeiliches Führungszeugnis für Nikolaus Warken vom 1. Juni 1889.

Aus: Werner Klär, Martin Ried, Helga Strupat, »Freiheit, Brot, Gerechtigkeit« Bergarbeiterleben im 19. Jahrhundert, Katalog zur Ausstellung im Rahmen des Jubiläums, 100 Jahre Rechtsschutzverein', herausgegeben vom Arbeitskreis ,Geschichtliche Entwicklung Friedrichsthals' an der Volkshochschule des Stadtverbandes Saarbrücken, Saarbrücken 1989, S. 29

Personal-Bericht.

über Nikolaus Warken, Bergmann, Sohn von Johann Warken, ... und Anna Maria Scholl

1. Vor- und Familienname: Nikolaus Warken
2. Lebensalter: geboren den 26 ten Dezember 1851 im Jahre 188
3. Geburtsort: Hasborn im Kreise: Ottweiler Staat: Preußen
4. Wohnort: Hasborn, im Kreise: Ottweiler Staat: Preußen
5. Staatsangehörigkeit: Preußen 6. Familiensprache (wenn nicht deutsch):
7. Familienstand: ehelich oder unehelich geboren, zur Zeit ledig, verheirathet, verwittwet, geschieden, auf Lebenszeit gerichtlich getrennt (Zutreffendes zu unterstreichen.)
8. Zahl der Kinder: 4
9. Vermögensverhältnisse und ob event. Vermögen zu erwarten: besitzt 92,29 ... Feuerprämien im Werthe von 600 M.
10. Militär-Verhältnisse: ... hat gedient
11. Ruf und Führung: Nichts Nachtheiliges bekannt.
12. Religion: Katholisch 13. Amt, Beruf oder Gewerbe: Bergmann
14. Soziale Stellung im Gewerbe: Selbstständig, d. h. für eigene Rechnung betreibend, oder unselbstständig, d. h. abhängig von einer Erwerbsgesellschaft, einem Arbeitgeber, Unternehmer, Prinzipal, Meister u. s. w. (Zutreffendes zu unterstreichen.)
15. Vorbestrafungen: hier keine bekannt.

Tholey, den 1. Juni 1889.
Der Bürgermeister
Vatter

**Die Spartakuskrawalle
am 7./8. Oktober 1919**

Die schon während des Krieges in Gang gesetzte Spirale von Geld-
knappheit, Preissteigerung und Inflation drehte sich immer schneller.
Während die französische Besatzung den Warenaustausch mit Frankreich erleichterte, gehörte das Saargebiet nach wie vor zum deutschen
Zollinland. So war es äußerst lukrativ, Luxusartikel und Gegenstände
des Alltagsbedarfs mit großen Gewinnspannen ins Reich zu verkaufen,
während die einheimischen Bauern ihre Produkte zurückhielten. Das
musste zu sozialen Spannungen zwischen Stadt und Land einerseits,
andererseits aber auch zwischen Neureichen, die ihren Besitz zur Schau
stellten und der hungernden Arbeiterschaft führen. Die Angst vor dem
bevorstehenden Winter trieb viele Arbeiter zum Hamstern: Kohlenklau
und Fruchtdiebstahl waren an der Tagesordnung.
Am Morgen des 7. Oktober streikten die Bediensteten der Saarbrücker
Eisenbahnwerkstätte und der Hüttenwerke und forderten in einer Demonstration auf dem Schlossplatz billige Kohlen und Kartoffeln, die
Herabsetzung der Schuh- und Bekleidungspreise und Maßnahmen
gegen den Schleichhandel. Nachmittags befand sich bereits das ganze Saarrevier im Generalstreik. Es kam zu gewaltsamen Übergriffen,
zahlreiche Warenhäuser, insbesondere jüdische, wurden ausgeraubt.
General Andlauer, der Vorsitzende der französischen Militärregierung,
verhängte den Ausnahmezustand über das Saargebiet und ließ die Innenstädte durch Kavallerie räumen. Es kam zu zahlreichen Verhaftungen unter den fast durchweg jugendlichen Arbeitern.
Die »Spartakuskrawalle« vom 7./8. Oktober 1919 können zu Recht als
politisch noch indifferentes Aufbegehren der Arbeiterschaft des Saarreviers in schwieriger wirtschaftlicher Situation gewertet werden.
Nationale und völkische Untertöne waren dabei bereits deutlich zu vernehmen.

Mitteilung des Rechtsschutzvereins an das Bürgermeisteramt Friedrichsthal, aus der hervorgeht, dass Warken (nach Verbüßung einer Haftstrafe) die Geschäfte des 1. Vereinsvorsitzenden am 5. Januar 1891 wieder übernahm.

Aus: Friedrichsthal, Bildstock, Maybach, Bilder und Dokumente zur Geschichte der Stadt, herausgegeben im Selbstverlag von Heimat- und Verkehrsverein Friedrichsthal-Bildstock e.V., Friedrichsthal 1975, S. 113

Polizeiliches Führungszeugnis für Nikolaus Warken vom 1. Juni 1889.

Aus: Werner Klär, Martin Ried, Helga Strupat, »Freiheit, Brot, Gerechtigkeit«, Bergarbeiterleben im 19. Jahrhundert, Katalog zur Ausstellung im Rahmen des Jubiläums, 100 Jahre Rechtsschutzverein', herausgegeben vom Arbeitskreis ‚Geschichtliche Entwicklung Friedrichsthals' an der Volkshochschule des Stadtverbandes Saarbrücken, Saarbrücken 1989, S. 29

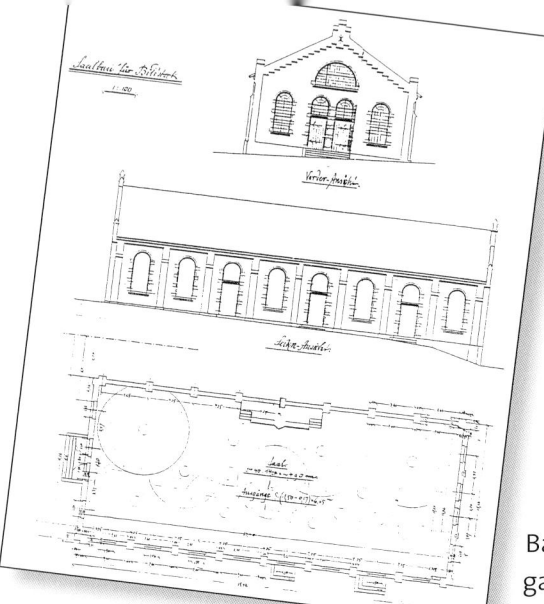

*Bauplan des Rechtsschutzsaals
in Bildstock*

Aus: Werner Klär, Martin Ried, Helga Strupat,
»Freiheit, Brot, Gerechtigkeit«, Bergarbeiterleben
im 19. Jahrhundert, Katalog zur Ausstellung
im Rahmen des Jubiläums ‚100 Jahre Rechtsschutzverein‘, herausgegeben vom Arbeitskreis
‚Geschichtliche Entwicklung Friedrichsthals‘
an der Volkshochschule des Stadtverbandes
Saarbrücken, Saarbrücken 1989, S. 28

Bald erkennen die Bergleute die Notwendigkeit einer ständigen Organisation und gründen deshalb Ende Juli 1889 den »Rechtsschutzverein für die bergmännische Bevölkerung des Oberbergamtsbezirks
Bonn«. Fast zeitgleich gründet der Bergmann König in Kleinrosseln
einen »Rechtsschutzverein für das Lothringer Kohlenbecken« und im
bayerischen St. Ingbert entsteht ebenfalls ein Rechtsschutzverein. Der
Bildstocker Verein entwickelt sich zur Gewerkschaft, erbaut sich im
Rechtsschutzsaal in Bildstock ein eigenes Gebäude und gibt die Zeitung »Schlägel und Eisen« heraus. Der Vorsitzende Nikolaus Warken
kandidiert bei der Reichstagswahl 1890 als unabhängiger Kandidat.
Vertreter des Rechtsschutzvereins knüpfen Verbindungen zum gleichzeitig im Ruhrgebiet entstehenden »Alten Verband«. Nach der Abkehr
des katholischen Klerus wegen angeblicher Hinwendung zur Sozialdemokratie, und dem Scheitern weiterer Streiks
im Mai 1891 und um die Jahreswende 1892–1893
infolge massiver Repressionsmaßnahmen durch
die staatlichen Behörden, geht der Rechtsschutzverein zugrunde.

Wähler

des Wahlkreises Saarbrücken!

Meine Gesinnungsgenossen haben mich aufgefordert, mich bei der bevorstehenden
Reichstagswahl als Abgeordneten wählen zu lassen. Ich habe die Kandidatur angenommen.

In eine der jetzt bestehenden Reichstagsparteien werde ich nicht als Mitglied
eintreten.

**Meine Stimme wird immer auf Seite derjenigen sein, welche für die Ver-
besserung der Verhältnisse des Arbeiterstandes stimmen.**

Insbesondere werde ich für die Ausbildung und Vervollkommnung der gesetz-
lichen Schutzvorschriften für den Arbeiterstand (Normal-Arbeitstag, entsprechend den
verschiedenen Gewerken, Sonntagsruhe, Einschränkung der Frauen- und Kinderarbeit ꝛc.),
ferner für die Vervollkommnung der Unfall- und Krankenversicherungsgesetzgebung und
für eine dem Arbeiterstande wahrhaft förderliche Invalidengesetzgebung eintreten.

Nicht minder werde ich für die gesetzliche Anerkennung des Vereinigungsrechtes
der Arbeiter eintreten.

Soweit der kleinere Beamtenstand in der Festsetzung seiner Gehaltsbezüge auf die
Mitwirkung des Reichstages angewiesen ist, werde ich stets in seinem Interesse stimmen.

Ebenso werde ich immer mit denjenigen stimmen, welche gegen die fortschreitende
Vermehrung der Steuerbelastung und gegen die Beschränkungen der bürgerlichen Frei-
heiten eintreten.

Ich werde für die Aufhebung aller Ausnahmegesetze eintreten.

**Kameraden und Mitbürger des Wahlkreises Saarbrücken!
Keiner von Euch, der mit diesen Grundsätzen einverstanden ist,
fehle am Wahltage an der Urne!**

Nikolaus Warken,
Bergmann aus Hasborn.

*Plakat, mit dem Nikolaus Warken seine
Kandidatur zur Reichstagswahl im Februar 1890
bekannt gab. Zur Überraschung aller erhielt er
33,8 % der Stimmen.*

Aus: Lieselotte Kugler (Hg.), »Grenzenlos«, Lebenswelten in der
deutsch-französischen Region an Saar und Mosel seit 1840,
Historisches Museum Saar, Saarbrücken 1998, S. 259

Telegramm der Saarbergleute an Kaiser Wilhelm II. vom 28. Mai 1889.

Aus: Friedrichsthal, Bildstock, Maybach, Bilder und Dokumente zur Geschichte der Stadt, herausgegeben im Selbstverlag von Heimat- und Verkehrsverein Friedrichsthal-Bildstock e.V., Friedrichsthal 1975, S. 107

Extrablatt der Zeitung »Schlägel und Eisen« (erste Gewerkschaftszeitung in Deutschland) zum Streik 1892–1893, in dem der Saarbrücker Landrat um Vermittlung gebeten wird.

Aus: Friedrichsthal, Bildstock, Maybach, Bilder und Dokumente zur Geschichte der Stadt, herausgegeben im Selbstverlag von Heimat- und Verkehrsverein Friedrichsthal-Bildstock e.V., Friedrichsthal 1975, S. 122.

64

*Szene aus dem Bergarbeiter-
streik im Saargebiet nach der
Berliner Illustrirten Zeitung vom
16. Januar 1893: Nichtstreikende
Arbeiter werden unter Polizei-
schutz zu den Schächten geleitet.*

*Aus: Werner Klär, Martin Ried, Helga
Strupat, »Freiheit, Brot, Gerechtigkeit«,
Bergarbeiterleben im 19. Jahrhundert, Katalog
zur Ausstellung im Rahmen des Jubiläums
‚100 Jahre Rechtsschutzverein‘, herausgegeben
vom Arbeitskreis ‚Geschichtliche Entwicklung
Friedrichsthals‘ an der Volkshochschule des
Stadtverbandes Saarbrücken, Saarbrücken
1989, S. 30*

**Christliche und
Freie Gewerkschaften**

Beim Großen Streik im Mai 1889 wurde nicht nur an der Saar deutlich, dass ein effektiver Arbeitskampf nur mit einer funktionierenden Organisation geführt werden konnte. Auf dem Delegiertentag der Bergarbeiter des Ruhrgebietes in Dorstfeld bei Dortmund wurde am 18. August 1889 der »Verband zur Wahrung und Förderung der bergmännischen Interessen« gegründet. Nach dem Statut sollten Religion und Politik total ausgeschlossen sein und so arbeitete eine Mehrheit konfessionell geprägter Bergleute mit Sozialdemokraten zusammen. Doch schon nach wenigen Jahren (1894/95) spaltete sich die Bergarbeiterbewegung entlang ideologischer Bruchkanten in die im »Alten Verband« vertretenen Freien Gewerkschaften und den neugegründeten interkonfessionellen Gewerkverein Christlicher Bergleute. Der liberale Hirsch-Duncker'sche Gewerkverein erlangte im Saarrevier kaum Bedeutung. Daneben waren auch die seit Jahrzehnten existierenden katholischen Arbeitervereine gewerkschaftlich tätig.

Die Wortführer der Industrie- und Wirtschaftsverbände, Freiherr von Stumm, Dr. Alexander Tille und Bergrat Hilger traten als entschiedene Gegner der Gewerkschaften auf. Erst im Jahre 1904 wurde der Gewerkverein christlicher Bergleute an der Saar aktiv und gründete in zahlreichen Orten des Reviers Zahlstellen und einen Verwaltungsbezirk »Saarrevier«. Zu den wichtigsten Gewerkschaftssekretären gehörten Peter Kiefer, Hans Ruffing und Fritz Kuhnen.

Die hervorragende Rolle der christlichen Gewerkschaften, denen die traditionellen Arbeiterparteien (SPD und später KPD) sowie die Liberalen lange nichts Gleichwertiges entgegensetzen konnten, ist bezeichnend für die saarländische Sonderentwicklung.

Portraits der Gewerkschafts-sekretäre des Gewerkvereins christlicher Bergarbeiter im Saarrevier im Jahr 1919. Das überwiegend katholische Saarrevier war eine Hochburg des Gewerkvereins. Bezirksleiter war Fritz Kuhnen von 1912 bis 1935.

Aus: Wolfgang Jäger, Klaus Tenfelde, Bildgeschichte der deutschen Bergarbeiterbewegung, Bergbau und Bergarbeit, München 1989, S. 141

Beamte des Saarreviers.

Fritz Kuhnen.   Peter Kiefer.   Matthias Karius.

August Kaspar.   Heinrich Ratz.   Karl Koster.

Karl Germann.   Josef Stauch.   R. Schmitt.

Alons Lenhart.   Jakob Micheln.   Josef Gärtner.

Der Erste Weltkrieg

Hatten die Sozialdemokraten und Gewerkschaften beim Ausbruch des Ersten Weltkrieges in einem selbstverordneten Burgfrieden zugunsten der nationalen Einheit auf innenpolitische Auseinandersetzungen verzichtet, so änderte sich dies in der weiteren Dauer des Krieges. Im »Steckrübenwinter« 1916/17 zeigten sich großflächige Mangelerscheinungen und trotz Sonderzulagen an Lebensmitteln für Bergarbeiterfamilien reichte es nicht für das Notwendigste.

Die bis 1917 durch Einberufungen geschwächten Gewerkschaften erhoben ab 1916 Beschwerden und stellten gegen die allgemeine Teuerung bzw. unzureichende Löhne Eingaben, die 1918 in Friedenskundgebungen mündeten: die Arbeiterschaft hatte genug vom Krieg. Im Sommer 1918 traten Arbeitgebervertreter (Hugo Stinnes) in Verhandlungen mit den Bergarbeitergewerkschaften ein und (Otto Hue für den Alten Verband und Heinrich Imbusch für den Gewerkverein), da sie Streitfragen über Arbeitsverhältnisse künftig durch Schiedsgerichtsverfahren lösen wollten, um die Arbeitsfähigkeit für Volk und Vaterland aufrechtzuerhalten.

1917

Forderungen der Bergarbeiter.

1. 10,50 M. Mindestlohn für sämtliche Hauer mit dem 1 ... Scheingeding soll wegfallen.
2. Mehr Lebensmittel und Zeit.
3. Die Lebensmittelpreise sowie die Preise sämtlicher anderer Bedarfsartikel sollen herabgesetzt werden.
4. Alle Granzsperren der Lebensmittel sollen aufgehoben werden.
5. Herabsetzung der Kartoffelpreise um 10 Pfg. pro Kopf und Woche.
6. Keine Massregelung der Bergarbeiter soll getroffen werden wegen dem Streik seitens der Bergverwaltung.
7. Erholungsurlaub soll für die Bergarbeiter gegeben werden oder das Geld dafür.

Forderungen der Bergarbeiter 1917
Landesarchiv Saarbrücken, Nachlass Kraus

*Französische Truppen beim
Sturmangriff, Verdun 1916.*

*Deutsche Infanterie im Schützen-
graben, 1914.*

Von der Novemberrevolution 1918 zum Saargebiet

Unmittelbar nach dem Matrosenaufstand in Kiel und der Ausrufung der Republik durch Philipp Scheidemann am 9. November 1918 in Berlin kamen Abgesandte der Matrosen und Arbeiter auch an die Saar und bildeten hier in zahlreichen Städten Arbeiter- und Soldatenräte, deren Tätigkeit sich auf das Hissen der roten Fahne, die Kontrolle der Verwaltung und die Aufrechterhaltung der öffentlichen Ordnung sowie die Verwertung allen brauchbaren Materials aus Militäreinrichtungen beschränkte.

Nach Abschluss des Waffenstillstandes am 11. November 1918 wurden die deutschen Truppen in die Heimat zurückgeführt; endlose Kolonnen von der Front in Lothringen marschierten durch die Saarregion ins Rechtsrheinische. Ihnen folgten die französischen Besatzungstruppen auf dem Fuße; sie trafen vom 22. November bis zum 1. Dezember 1918 in den Städten und Gemeinden des Saarreviers ein. Die französische Militärverwaltung übernahm die politische Kontrolle und löste die Arbeiter- und Soldatenräte auf. Dadurch wurde der Arbeiterschaft jede Möglichkeit auf eine freie, selbstbestimmte Entfaltung genommen; dies erklärt, warum sich auch Gewerkschaften und Sozialdemokratie zunächst uneingeschränkt zur deutschen Nation bekannten.

Nach der Novemberrevolution fürchteten die Unternehmer eine Verstaatlichung der deutschen Industrie und machten daher der Arbeiterschaft weitgehende Zugeständnisse, die bis heute nachwirken. Durch das am 15. November 1918 abgeschlossene Stinnes-Legien-Abkommen (benannt nach den Verhandlungsführern Hugo Stinnes für die Arbeitgeber und Carl Legien für die Gewerkschaften) wurden die Gewerkschaften reichsweit als Tarifpartner anerkannt, das Koalitionsrecht zugesichert, eine paritätische Verwaltung des Arbeitsmarktes zugesagt, der achtstündige Arbeitstag eingeführt, und in Betrieben mit über 50 Mitarbeitern musste ein Arbeiterausschuss (Betriebsrat) eingesetzt werden.

Nach dem Friedensvertrag von Versailles wurde das Industrierevier an der Saar als »Saargebiet« vom Deutschen Reich abgetrennt und für 15 Jahre einer international besetzten Verwaltungskommission des Völkerbundes unterstellt.

70

**Die Spartakuskrawalle
am 7./8. Oktober 1919**

Die schon während des Krieges in Gang gesetzte Spirale von Geld-knappheit, Preissteigerung und Inflation drehte sich immer schneller. Während die französische Besatzung den Warenaustausch mit Frankreich erleichterte, gehörte das Saargebiet nach wie vor zum deutschen Zollinland. So war es äußerst lukrativ, Luxusartikel und Gegenstände des Alltagsbedarfs mit großen Gewinnspannen ins Reich zu verkaufen, während die einheimischen Bauern ihre Produkte zurückhielten. Das musste zu sozialen Spannungen zwischen Stadt und Land einerseits, andererseits aber auch zwischen Neureichen, die ihren Besitz zur Schau stellten und der hungernden Arbeiterschaft führen. Die Angst vor dem bevorstehenden Winter trieb viele Arbeiter zum Hamstern: Kohlenklau und Fruchtdiebstahl waren an der Tagesordnung.

Am Morgen des 7. Oktober streikten die Bediensteten der Saarbrücker Eisenbahnwerkstätte und der Hüttenwerke und forderten in einer Demonstration auf dem Schlossplatz billige Kohlen und Kartoffeln, die Herabsetzung der Schuh- und Bekleidungspreise und Maßnahmen gegen den Schleichhandel. Nachmittags befand sich bereits das ganze Saarrevier im Generalstreik. Es kam zu gewaltsamen Übergriffen, zahlreiche Warenhäuser, insbesondere jüdische, wurden ausgeraubt. General Andlauer, der Vorsitzende der französischen Militärregierung, verhängte den Ausnahmezustand über das Saargebiet und ließ die Innenstädte durch Kavallerie räumen. Es kam zu zahlreichen Verhaftungen unter den fast durchweg jugendlichen Arbeitern.

Die »Spartakuskrawalle« vom 7./8. Oktober 1919 können zu Recht als politisch noch indifferentes Aufbegehren der Arbeiterschaft des Saarreviers in schwieriger wirtschaftlicher Situation gewertet werden. Nationale und völkische Untertöne waren dabei bereits deutlich zu vernehmen.

Französische Kavallerie in Ottweiler mit blank gezogenem Degen, Oktober 1919

Aus: Wolfgang Jäger, Klaus Tenfelde, Bildgeschichte der deutschen Bergarbeiterbewegung, Bergbau und Bergarbeit, München 1989, S. 90

Französische Truppen in den Straßen von Saarbrücken, Aufnahme vom 9. Oktober 1919 während des Belagerungs-zustandes.

Aus: Wolfgang Jäger, Klaus Tenfelde, Bildgeschichte der deutschen Bergarbeiterbewegung, Bergbau und Bergarbeit, München 1989, S. 90

72

**Der hunderttägige
Bergarbeiterstreik 1923**

Der hunderttägige Bergarbeiterstreik im Saarrevier vom 5. Februar bis zum 15. Mai 1923 war der längste Arbeitskampf in der deutschen Geschichte. Ging es äußerlich betrachtet um einen Lohnkampf, so trat doch zunehmend die Unterstützung des Protestes gegen die französische Besetzung des Ruhrgebietes am 11. Januar 1923 in den Mittelpunkt. Nationale Pflicht und soziale Erwartung gingen hier Hand in Hand. Auch die Arbeiterparteien SPD und KPD konnten sich der nationalen Begeisterung nicht verschließen. Hingegen profitierten die Bergleute von der schrittweisen Einführung des französischen Frankens als Zahlungsmittel gegenüber der inflationären Mark.

Dieser Streik kann nicht nur als Ausdruck für die nach wie vor schwierige Versorgungslage weiter Teile der einheimischen Bevölkerung gewertet werden, sondern auch für fehlenden Willen bzw. mangelhaftes Bemühen der französischen Politiker zum Ausgleich mit dem ehemaligen Kriegsgegner.

*Polizeieinsatz beim Bergarbeiter-
streik, Quierschied 1923.*

Während des »Hundert-Tage-Streiks« versucht berittene Polizei mit gezücktem Degen eine Demonstration in der Trierer Straße in Saarbrücken aufzulösen. Postkarte 1923.

Aus: Lieselotte Kugler (Hg.), Grenzenlos, Lebenswelten in der deutsch-französischen Region an Saar und Mosel seit 1840, Historischen Museum Saar, Saarbrücken 1998, S. 270

Lebensverhältnisse in den zwanziger Jahren

Die starke Polarisierung der Gesellschaft zeigte sich auch an der Saar in häufigen Gewaltausbrüchen und Schlägereien zwischen paramilitärischen Verbänden der politischen Parteien, insbesondere zwischen der äußersten Linken (KPD) und Rechten (NSDAP), die nicht davor zurückschreckten, auch Gewalt als politisches Mittel einzusetzen. Sie fand auf Ortsebene auch Ausdruck in der Spaltung zahlreicher Vereine nach ihrer politischen Couleur.

Die französische Militärverwaltung wurde Anfang 1920 von der Regierungskommission des Völkerbundes abgelöst, die – unter französischem Einfluss – ohne demokratische Mitbestimmung der Bevölkerung das Saargebiet regierte. Zwar kam es 1922 auf Betreiben der politischen Parteien zur Schaffung eines Landesrats, dem aber nur beratende Funktionen zugebilligt wurden; trotz Protesten auch der politischen Linken konnte die pseudodemokratische Volksvertretung nicht über die politische Unterdrückung hinwegtäuschen.

Bei den Wahlen zum Landesrat 1922, 1924, 1928 und 1932 sowie bei den Wahlen zur deutschen Nationalversammlung (in Weimar, an denen die Saarländer im Januar 1919 noch teilnahmen) wurde das »Zentrum« jeweils stärkste politische Kraft. Im Jahre 1919/20 war auch an der Saar aus der unabhängigen SPD die Kommunistische Partei hervorgegangen, die in Arbeiterwohngebieten (Neunkirchen, Warndt) die Mehrheit gewann. Bei den Wahlen in den zwanziger und frühen dreißiger Jahren erreichte die Linke (SPD, USPD, KPD) jeweils etwa ein Viertel bis ein Drittel der Stimmen, wobei die KPD stärker, die SPD schwächer wurde. Die liberale Deutsch-Saarländische Volkspartei kam auf ca. 10 %.

Die Jahrtausendfeier der Rheinlande am 20. und 21. Juni 1925, geprägt durch Fahnenschmuck, Theateraufführungen, Fackelzüge und Sonnwendfeiern, ließ mit ihrem Bekenntnis zu Volk und Reich auch für den letzten Unentschlossenen deutlich zutage treten, wie eine spätere Volksabstimmung zweifellos ausgehen würde. Das Hissen der an den Obrigkeitsstaat des Kaiserreichs gemahnenden schwarz-weiß-roten oder der als Bekenntnis zur Weimarer Demokratie zu verstehenden

Die Jahrtausendfeier der Rheinlande in Quierschied, Juni 1925.

Pfingsttreffen des Roten Frontkämpferbundes 1930 in Neunkirchen.

Aus: Klaus-Michael Mallmann, Gerhard Paul, Ralph Schock, Reinhard Klimmt (Hg.), *Richtig daheim waren wir nie*, *Entdeckungsreisen ins Saarrevier 1815–1955*, Bonn 1995, S. 100

schwarz-rot-goldenen deutschen Flagge spielte eine gewichtige Rolle im publizistischen Kampf.

Die kommunalen Haushalte der Saargemeinden waren in den »Goldenen Zwanzigern« in hohem Maß mit Sozialunterstützung, Lebensmittelhilfe und Wohnraumbeschaffung belastet. Die ohnehin angespannte wirtschaftliche und soziale Lage wurde durch die Weltwirtschaftskrise (Oktober 1929) noch verschärft. Kurzarbeit bzw. Feierschichten wurden eingeführt, die Arbeitslosenzahlen im Saargebiet schnellten von 3.000 (Juli 1928) über 15.000 (Dezember 1930) bis auf über 44.000 (Dezember 1932) in die Höhe. Die wirklichen Ausmaße des Massenelends sind heute kaum mehr vorstellbar: Die Arbeitslosenunterstützung der öffentlichen Hand reichte nicht aus, eine mehrköpfige Familie zu ernähren. So bildeten sich lange Schlangen wartender Menschen vor den Arbeitsämtern und bald auch vor den Suppenküchen. Man ging dazu über, das Lebensnotwendige in Naturalien (Kartoffeln und Kohlen) an die Bedürftigen auszugeben.

Plakat zur Rheinischen
Jahrtausendfeier, Juni 1925.

Aus: Richard van Dülmen und Reinhard Klimmt (Hg.),
Saarländische Geschichte. Eine Anthologie,
Saarland-Bibliothek, Band 10, St. Ingbert 1995, S. 273

Arbeiterkultur im Saargebiet

Die zwanziger und die erste Hälfte der dreißiger Jahre waren auch an der Saar eine Blütezeit der Arbeiterkulturbewegung, die sich nun, befreit von den obrigkeitlichen Fesseln des Kaiserreiches, der Entfaltung der schöpferischen Kräfte im Menschen widmen konnte. Die Arbeiter formierten sich in zahlreichen Sport- und Musikvereinen, teils auch innerhalb der paramilitärischen Verbände des Reichsbanners Schwarz-Rot-Gold bzw. des Roten Frontkämpferbundes. Viele Arbeitergesangvereine wurden neu gegründet, manche umbenannt, was auf Richtungskämpfe in den Vereinen bzw. frühere Tarnungen zurückverweist: So konnte aus einem evangelischen Kirchenchor ein Arbeitergesangverein hervorgehen. Daneben bauten die sozialen Organisationen der Arbeiterbewegung (die Arbeiterwohlfahrt und der Arbeiter-Samariter-Bund) ihre Organisationsstruktur aus. Zu den Jugendorganisationen der Arbeiterbewegung gehörten SJD – Die Falken, die Naturfreundejugend und die DGB-Jugend. Zahlreiche Aktivitäten der Arbeiterbewegung konzentrierten sich bis 1935 in den oft »Volkshaus« oder »Rotes

Spielmannszug des Roten Frontkämpferbundes in Wiebelskirchen um 1929; hinter der großen Trommel Wilhelm Honecker, rechts neben ihm sein Sohn Erich.

Aus: Klaus-Michael Mallmann, Gerhard Paul, Ralph Schock, Reinhard Klimmt (Hg.), Richtig daheim waren wir nie, Entdeckungsreisen ins Saarrevier 1815–1955, Bonn 1995, S. 99

Haus« genannten Gemeinschaftshäusern, in denen Parteisekretariate und Gewerkschaften untergebracht waren und die über geeignete Räume für Veranstaltungen sowie Kultur- und Wohlfahrtseinrichtungen verfügten.

Zwar konnten sich in der Saargebietszeit die Arbeiterorganisationen entfalten, doch erreichten sie nie die feste Geschlossenheit des katholischen Sozialmilieus, mit dem sie sich teilweise überschnitten.

Ein weiteres Problem der Arbeiterkultur war, dass die Linken sich fast vollständig in die antifranzösische, deutschnationale revisionistische Mehrheit im Saargebiet einreihten. Sie beteiligten sich z. B. am Bergarbeiterstreik 1923, der eigentlich ein Streik gegen die französische Besatzung im Rheinland und die französische Vorherrschaft an der Saar war. Selbst als sich Ende 1931/Anfang 1932 die Bedrohung durch die NSDAP auch an der Saar klar abzuzeichnen begann, proklamierten Vertreter der linken Parteien und der freien Gewerkschaften genau wie die bürgerlichen Parteien »Heim-ins-Reich«-Parolen.

Sulzbacher Naturfreunde vor ihrem in die Felswand gehauenen Wappen im Taubental bei Kirkel, das nach 1935 von den Nationalsozialisten zerstört wurde.

Aus: Klaus-Michael Mallmann, Gerhard Paul, Ralph Schock, Reinhard Klimmt (Hg.), Richtig daheim waren wir nie, Entdeckungsreisen ins Saarrevier 1815–1955, Bonn 1995, S. 101

Aufmarsch der Arbeitersportler zum fünfjährigen Stiftungsfest in Limbach am 30. Juli 1932 mit dem Spielmannszug des »Freien Turn- und Sportvereins Homburg«.

Aus: Klaus-Michael Mallmann, Gerhard Paul, Ralph Schock, Reinhard Klimmt (Hg.), Richtig daheim waren wir nie, Entdeckungsreisen ins Saarrevier 1815–1955, Bonn 1995, S. 99

Die Unfähigkeit, der wirtschaftlichen Misere Herr zu werden, trug nicht unwesentlich zum Ruin der Republik bei. Erst lang dauernde Arbeitslosigkeit und Hunger trieben immer mehr Wähler in die Arme derer, die keinen Hehl daraus machten, das bestehende politische System zerstören zu wollen und dabei auch Gewalt einzusetzen.

Volksabstimmungskampf 1934–1935

Erst nachdem infolge der Weltwirtschaftskrise die Arbeitslosigkeit im Saargebiet auf zeitweilig 25 % angestiegen war, erhielt die NSDAP auch an der Saar größeren Zulauf, nicht zuletzt durch ihr Versprechen auf Arbeit für alle. Die Übertragung der Macht an Adolf Hitler im März 1933 hatte auch tiefgreifende Auswirkungen auf die politische Lage an der Saar. Hatten bis dahin alle politischen Kräfte die Rückgliederung an das Deutsche Reich favorisiert, konzentrierte sich die politische Auseinandersetzung in den noch verbleibenden zwei Jahren bis zur Volksabstimmung ganz auf die Frage einer bedingungslosen Rückkehr ins Reich oder der Beibehaltung des gegenwärtigen Zustandes (Status quo) so lange, bis die braune Diktatur in Deutschland vorüber sei. Eine Stimmabgabe für Deutschland bedeutete eine Gefahr für Leib und Leben der Anhänger der Arbeiterbewegung, wovon sich jeder durch den anschwellenden Strom der Flüchtlinge aus dem Deutschen Reich überzeugen konnte, denen die Arbeiterbewegung in ihren Volkshäusern Unterkunft gewährte.

Der plötzliche politische Richtungswechsel der Arbeiterparteien und der Freien Gewerkschaften war jedoch schon den eigenen Mitgliedern und Anhängern nicht zu vermitteln. Durch die parteipolitische Spaltung in SPD und KPD und die innere Zerrissenheit der Arbeiterbewegung in der nationalen Frage (ja zu Deutschland, aber nicht zu Hitler) dauerte es bis zum 2. Juli 1934, bis die Vorsitzenden von SPD und KPD, Max Braun und Fritz Pfordt, ein Abkommen zur Bildung einer Einheitsfront (für den Status quo) unterzeichneten, das auch von einem Teil des früheren Zentrums unter Johannes Hoffmann und einer Gruppe von christlichen Gewerkschaftlern unterstützt wurde. Das Treuebekenntnis der Bischöfe von Trier und Speyer zu Heimat und Nation veranlasste die Mehrheit der Katholiken zur Stimmabgabe für die in der Deutschen Front organisierten Befürworter der Rückgliederung an das nationalsozialistische Deutsche Reich. Bis zuletzt wurde auf Massenkundgebungen, im Radio und in der Presse erbittert gestritten.

Das Abstimmungsergebnis vom 13. Januar 1935 erbrachte über 90 % der Stimmen für die Rückgliederung an das Deutsche Reich. Unmittelbar danach brach sich der Terror der Deutschen Front nun ungehemmt Bahn. Die politischen Exponenten des Status quo im Abstimmungskampf und andere Hitlergegner verließen das Land. Die jüdische Emigration begann. Die Flüchtlinge wandten sich zunächst nach Frankreich und Luxemburg. Saarländische Arbeiterfunktionäre und Intellektuelle nahmen auf Seiten der Republik aktiv am Spanischen Bürgerkrieg (1936–1939) teil.

Johannes Hoffmann (2. von rechts) mit seiner Frau vor der Veranstaltungsbühne auf dem Kieselhumes.

Aus: Ludwig Linsmayer (Hg.), Der 13. Januar, Die Saar im Brennpunkt der Geschichte. Echolot, Historische Beiträge des Landesarchivs Saarbrücken, Band 1, Saarbrücken 2005, S. 189

*Massenkundgebung der Frei-
heitsfront in Sulzbach am
26. August 1934. Zu den führenden Repräsentanten der Bewegung gehörte auch Richard Kirn,
Sekretär für das Sulzbachtal und
Rechtsschutzsekretär des Alten
Verbandes an der Saar, der
spätere Arbeitsminister.*

*Oben: Aus: Klaus-Michael Mallmann, Gerhard Paul, Ralph Schock, Reinhard Klimmt (Hg.), Richtig
daheim waren wir nie, Entdeckungsreisen ins Saarrevier 1815–1955, Bonn 1995, S. 159*

*Unten: Aus: Wolfgang Jäger, Klaus Tenfelde, Bildgeschichte der deutschen
Bergarbeiterbewegung, Bergbau und Bergarbeit, München 1989, S. 166*

Emigration

Oben: Saarländische Hitler-gegner auf der Flucht.

Aus: Klaus-Michael Mallmann, Gerhard Paul, Ralph Schock, Reinhard Klimmt (Hg.), Richtig daheim waren wir nie, Entdeckungsreisen ins Saarrevier 1815–1955, Bonn 1995, S. 188

Mitte: Die grenznahen Orte Forbach und Saargemünd waren für die meisten Exilanten die ersten Anlaufstellen nach einer mehr oder weniger raschen Flucht aus dem »heimkehrenden« Saargebiet.

Aus: Ludwig Linsmayer (Hg.), Der 13. Januar, Die Saar im Brennpunkt der Geschichte. Echolot, Historische Beiträge des Landesarchivs Saarbrücken, Band 1, Saarbrücken 2005, S. 211

Unten: Status-quo-Anhänger auf der Flucht vor Hitler hinter dem Schlagbaum an der »Goldenen Bremm«.

Aus: Klaus-Michael Mallmann, Gerhard Paul, Ralph Schock, Reinhard Klimmt (Hg.), Richtig daheim waren wir nie, Entdeckungsreisen ins Saarrevier 1815–1955, Bonn 1995, S. 174

Die Zerschlagung gewerkschaftlicher Organisationen

Der 1. März 1935, an dem das Saargebiet wieder Bestandteil des Deutschen Reiches wurde, markiert die in unserer Region verspätete Machtübernahme durch die Nationalsozialisten. Insbesondere Kommunisten, Reichsbannerleute und sonstige missliebige Personen mussten nun mit Verfolgung, Gefängnis- und Konzentrationslagerhaft rechnen. Dem konnten sie sich nur durch Emigration sicher entziehen. Der ehemalige Sekretär des Bergarbeiterverbandes, Hermann Petri aus Neunkirchen, war eine Zeit lang in der Beratungsstelle für Flüchtlinge im lothringischen Forbach tätig. Von dort aus unterstützten die Beratungsstelle und die KPD, vornehmlich mit Flugschriften, ihre in den Untergrund abgetauchten Genossen vor Ort. Wiederholte Verhaftungswellen der Nationalsozialisten lichteten die Reihen der Regimegegner, konnten aber nicht jeden Widerstand brechen. Die Geheime Staatspolizei beschlagnahmte die Akten der Ortsvereine der Arbeiterparteien.

Um die notwendigen Anpassungen in seinem Sinne zu vollziehen, bestellte Hitler den NSDAP-Gauleiter der Saarpfalz, Josef Bürckel, zum Reichskommissar für die Rückgliederung des Saarlandes. Dieser kündigte am 25. April 1935 im Rahmen einer großen Kundgebung ein großes Arbeitsbeschaffungsprogramm der neuen Reichsregierung an.

Jubel in Saarbrücken nach der Bekanntgabe des Abstimmungsergebnisses am 15. Januar 1935

Aus: Klaus-Michael Mallmann, Gerhard Paul, Ralph Schock, Reinhard Klimmt (Hg.), Richtig daheim waren wir nie, Entdeckungsreisen ins Saarrevier 1815–1955, Bonn 1995, S. 163

Im Mai ließ Bürckel verlautbaren, dass alle vor dem 1. Januar 1935 gegründeten Vereine und Verbände um eine erneute Bestätigung nachsuchen müssten; dies bedeutete die völlige Gleichschaltung des gesamten öffentlichen Vereinswesens.

Vereinshaus der Fußballer des Arbeitersportvereins Limbach kurz nach der Saarabstimmung am 13. Januar 1935.

Aus: Klaus-Michael Mallmann, Gerhard Paul, Ralph Schock, Reinhard Klimmt (Hg.), Richtig daheim waren wir nie, Entdeckungsreisen ins Saarrevier 1815–1955, Bonn 1995, S. 102

Die Deutsche Arbeitsfront

Die am 10. Mai 1933 nach der Machtübernahme der Nationalsozialisten gegründete, durch das »Gesetz zur Ordnung der Nationalen Arbeit« vom 10. Januar 1934 legitimierte Deutsche Arbeitsfront (DAF) fasste im Dritten Reich Arbeitnehmer und Arbeitgeber in einem Einheitsverband zusammen, dem ca. 22 bis 25 Millionen Mitglieder angehörten. Als NS-Organisation war die DAF eine streng hierarchisch in Bezirke, Gaue, Kreise, Ortsgruppen, Betriebsgemeinschaften, Zellen und Blöcke gegliederte Behörde. Gerade durch ihre Unterbehörden trug die DAF zu Wohl und Kontrolle der Arbeiter und Angestellten bei, so z. B. durch das Reichsheimstättenamt, das zur Überwindung der Wohnungsnot beitrug, oder das Amt »Kraft durch Freude«, das günstige Urlaubsreisen anbot.

Die DAF finanzierte sich (mit über 44.000 hauptamtlichen und über 1,3 Millionen ehrenamtlichen Mitarbeitern) aus dem beschlagnahmten Vermögen der Freien Gewerkschaften, einem 1,5-prozentigen Lohnabzug ihrer Mitglieder und aus den Gewinnen aus Wirtschaftsunternehmen, die der DAF gehörten oder an denen sie beteiligt war (u. a. Wohnungsbau- und Versicherungsgesellschaften, Banken, Werften und das VW-Automobilwerk in Wolfsburg, ferner das Gemeinschaftswerk der DAF als Verkaufsorganisation von rund 14.000 früheren Konsumläden).

Die Sicherheit des Arbeitsplatzes, die propagierte Überwindung der Klassen im Sinne der vielbeschworenen nationalsozialistischen Volksgemeinschaft und gelegentliche Annehmlichkeiten garantierten vor allem den Zuspruch der unteren sozialen Schichten. Unter ihrem Reichsleiter Robert Ley drang die DAF in fast alle Bereiche der Arbeits- und Sozialpolitik ein und es gelang ihr, die Massen in Arbeit und Freizeit im nationalsozialistischen Sinne zu indoktrinieren.

Woll- und Wintersachensammlung durch die Hitlerjugend im Winter 1940/41.
Ursula Briel, Negativ-Nr. 2434

*Umzug nationalsozialistischer
Formationen, 1937.*

Stadtarchiv Püttlingen, Bestand 43, Nr. 1937 (2)

*Das Zwangsarbeiter- und
Kriegsgefangenenlager Erbach-
tal in Püttlingen nach dem
alliierten Luftangriff vom
28. Juni 1944.*

Stadtarchiv Püttlingen, Bestand 43, Nr. 4403 (2)

Verfolgung und Widerstand im Dritten Reich

Die Masse der katholischen Gläubigen im Saargebiet folgte im Abstimmungskampf und den darauf folgenden Jahren den Demonstrationen unverbrüchlicher Treue der Bischöfe von Trier und Speyer zum deutschen Vaterland; nur einzelne widersetzten sich, wie z. B. Alois Hewener, seit 1932 Gauführer der katholischen Sturmscharen im Saargebiet, der vier Monate im KZ Esterwegen verbrachte. Ganz anders sah es mit den Kommunisten und Sozialdemokraten aus, die von vornherein Repressalien zu befürchten hatten. Friedrich Eifler, Mitglied der KPD, Stadtverordneter in Neunkirchen und Abgeordneter des Landesrats, Wilhelm Cullmann, der Obmann des Arbeiterausschusses beim Neunkircher Eisenwerk und Karl Etienne, der Fraktionsvorsitzende der SPD im Stadtrat hatten unter Entlassung, fortdauernder Arbeitslosigkeit und zahlreichen Schikanen zu leiden und standen unter regelmäßiger Beobachtung durch die Geheime Staatspolizei. Die im Untergrund tätige KPD-Abschnittsleitung stand bis zu ihrer Verhaftung im August 1935 in Kontakt zu illegalen Gruppen in den Bergarbeitergemeinden.

Trotz aller Repressalien und Einschüchterungen durch die NS-Organisationen kam es aber in den Eisenhütten an der Saar immer wieder zu kurzen Streiks und anderen Formen der Gegenwehr. Zu den bekanntesten gehören der Frankenholzer Schulstreik 1936 und der Grenzgängerstreit 1937. Der Beginn des Krieges verschlechterte die Bedingungen des Widerstands noch einmal drastisch. Durch unzählige Verfahren wegen Vergehen gegen die Heimtücke-Verordnung (Führerwitze, Hören feindlicher Sender etc.), die im Einzelfall KZ-Haft einbringen konnten, hielt der nationalsozialistische Überwachungsapparat die Bevölkerung ständig in Angst und Schrecken.

Das Grab von Josef Merten aus Schmelz in Madrid, Ende 1936.

Aus: Klaus-Michael Mallmann, Gerhard Paul, Ralph Schock, Reinhard Klimmt (Hg.), Richtig daheim waren wir nie, Entdeckungsreisen ins Saarrevier 1815–1955, Bonn 1995, S. 182

Saarländische Emigranten im Flüchtlingslager Toulouse, 21. Januar 1935.

Aus: Klaus-Michael Mallmann, Gerhard Paul, Ralph Schock, Reinhard Klimmt (Hg.), Richtig daheim waren wir nie, Entdeckungsreisen ins Saarrevier 1815–1955, Bonn 1995, S. 176

90

Einheitsgewerkschaft und Christliche Gewerkschaft

Nach dem katastrophalen Ende des Zweiten Weltkriegs wurde – wie im übrigen Deutschland – unter dem Eindruck des Scheiterns der Arbeiterbewegung im Kampf gegen Hitler und auf Wunsch der Alliierten am 29. Oktober 1945 auch im Saarland eine Einheitsgewerkschaft gegründet. Hierzulande erhielt sie aber schon bald Konkurrenz durch die am 24. August 1946 gegründete Gewerkschaft christlicher Saarbergleute unter Johann Klein.

Nachdem in der unmittelbaren Nachkriegszeit die Beseitigung der Kriegsfolgen und die Bewältigung des Alltags Vorrang hatten, zeichnete sich Anfang der 1950er Jahre ab, dass der Streit um das künftige Statut des Saarlandes das christliche, das sozialdemokratische und das liberale politische Lager spaltete. Ohnehin waren nur Parteien zugelassen, die für die in der saarländischen Verfassung (1947) niedergeschriebene Wirtschaftsunion mit Frankreich eintraten.

Ministerpräsident Johannes Hoffmann (Christliche Volkspartei) regierte in einer soliden Koalition mit der Sozialdemokratischen Partei des Saarlandes (SPS) unter Richard Kirn, der als Arbeitsminister eine fortschrittliche Sozialpolitik wesentlich mitgestaltete. Die sozialen Leistungen in der Familienpolitik und in der Kriegsopferversorgung lagen damals, am französischen Vorbild orientiert, höher als in der jungen Bundesrepublik Deutschland und deutlich über dem europäischen Standard. Die Reformen in der Sozialversicherung erstrebten eine Vereinheitlichung der Bedingungen für alle Gruppen der Bevölkerung.

Streikposten an der Grube Dechen beim 24-stündigen Streik am 2. Oktober 1950.

Aus: Wilfried Busemann, Kleine Geschichte der saarländischen Gewerkschaften, im Auftrag der Arbeitskammer des Saarlandes, Saarbrücken 2005, S. 82

*Blick in einen notdürftig her-
gerichteten Wohnraum in der
unmittelbaren Nachkriegszeit.
Besonders in den bombardierten
Städten herrschten Wohnungsnot und völlig unzureichende
hygienische Verhältnisse.*

Aus: Paul Burgard, Ludwig Linsmayer,
Der Saarstaat, L'État Sarrois, Bilder einer
vergangenen Welt, Images d'un monde passé,
Echolot, Historische Beiträge des Landesarchivs
Saarbrücken, Band 2, Saarbrücken 2005, S. 310

*Die kriegszerstörte Malstatter
Brücke in Saarbrücken, 1945.*

Aus: Paul Burgard, Ludwig Linsmayer,
Der Saarstaat, L'État Sarrois, Bilder einer
vergangenen Welt, Images d'un monde passé,
Echolot, Historische Beiträge des Landesarchivs
Saarbrücken, Band 2, Saarbrücken 2005, S. 44

Die Arbeitskammer des Saarlandes

Mit dem vom Landtag des Saarlandes 1951 beschlossenen Gesetz über die Errichtung einer Arbeitskammer als Körperschaft des öffentlichen Rechts erhalten die Arbeitnehmer eine Vertretung innerhalb der saarländischen Wirtschaft. Bei der ersten Urwahl der Kammerversammlung 1952 erringen die Einheitsgewerkschaft 20 und die Christlichen Gewerkschaften 10 Sitze.

In vielfältiger Weise hat sich die Arbeitskammer des Saarlandes, die über eine Umlage der Arbeitnehmer finanziert wird, zum modernen Dienstleister der saarländischen Arbeitnehmer-innen entwickelt.

- 1953 erschien erstmals die Zeitschrift »Die Arbeitskammer« (heute: »Arbeitnehmer«). Der allgemeinen Information dienen vielfältige Broschüren zu arbeitnehmerrelevanten Themen; in neuester Zeit kommt die verstärkte Nutzung des Internets hinzu.
- In den ersten Jahrzehnten ermöglichten preiswerte Angebote zahlreichen Arbeitnehmerfamilien einen Urlaubsaufenthalt, ab 1964 in eigenen Feriendörfern im Allgäu und auf Elba.
- Die auf erste Lehrgänge in Arbeitsrecht, Volkswirtschaft, Betriebswirtschaft und Sozialversicherung zurückgehende Bildungsarbeit der Kammer erhält 1956 in Kirkel eine bleibende Heimstätte, die 1983 zu einem modernen Bildungszentrum ausgebaut und 1999 modernisiert wird.
- Die Arbeitskammer legt seit 1953 der Regierung des Saarlandes jährlich einen Bericht über die Lage der Arbeitnehmer vor und hat an zahlreichen Gesetzesinitiativen zum Wohl der saarländischen Arbeitnehmer-innen mitgewirkt.

1992 hat die Arbeitskammer des Saarlandes neue Aufgaben in den Bereichen Ökologie, Gleichberechtigung von Männern und Frauen, Verbraucherschutz und Integration übernommen. Sie spielt bis heute, wie die übrigen Arbeitskammern im deutschsprachigen Raum (Arbeitnehmerkammer Bremen, Arbeitskammer des Großherzogtums Luxemburg, Arbeiterkammern in Österreich auf Bundes- und Länderebene) eine wichtige Rolle in der Sozialpolitik.

Betriebs- und Personalräte im
Lehrgang »Menschengerechte
Arbeitsgestaltung«

Schulungsheim Kirkel 1976

Werbeplakat für das 1953 gegründete Ferienwerk
der Arbeitskammer

Alle Aufnahmen: Aus dem Dokumentationszentrum der
Arbeitskammer des Saarlandes

Gescheiterte Sozialpartnerschaft unter JoHo

Der französische Hochkommissar Gilbert Grandval gewährte den Arbeitnehmern an der Saar nur ganz geringe Möglichkeiten zur Einflussnahme in den Betrieben der Schwerindustrie. Dies stand im Gegensatz zur übrigen französischen Besatzungszone und erklärt sich aus dem Willen zur ungestörten Kontrolle der saarländischen Montanindustrie, die unter französischer Verwaltung stand.

Die fehlende Mitbestimmung und das oft überhebliche Auftreten französischer Ingenieure und Steiger führten dazu, dass gerade die Saarbergleute sich unangenehm an die Zeiten preußischer Herrschaft erinnert fühlten. So verloren die französischen Wirtschaftsführer und die Regierung Johannes Hoffmann das Vertrauen, das ihre moderne Sozialpolitik bei der saarländischen Arbeiterschaft eigentlich verdient hätte. Weitere Kritik an der Regierung äußerten die Gewerkschaften wegen der faktisch aufgehobenen Koalitionsfreiheit (1952 Zerschlagung des IV Bergbau), der immer wieder ausgesetzten Tarifautonomie, dem nur auf dem Papier existenten Arbeitskampfrecht und dem enttäuschenden Betriebsverfassungsgesetz (1954).

Bereits seit den frühen 1950er Jahren, spätestens aber seit dem großen Streik 1954 war absehbar, dass die anfängliche Akzeptanz der saarländischen Autonomiepolitik bei weiten Bevölkerungsschichten fraglich geworden war. Die Verantwortlichen in Politik und Industrie haben dadurch, dass sie Stimmung und Meinung der arbeitenden Bevölkerungsmehrheit ignorierten, wesentlich zu dieser Entwicklung beigetragen, die sich im Ergebnis der Volksabstimmung am 23. Oktober 1955 niederschlug.

*Oben: Generalstreik am
23. Februar 1955: Demonstranten
und uniformierte Staatsmacht,
hier ausnahmsweise ganz
freundlich auf Tuchfühlung.*

Aus: Paul Burgard, Ludwig Linsmayer,
Der Saarstaat, L'Etat Sarrois, Bilder einer
vergangenen Welt, Images d'un monde passé,
Echolot, Historische Beiträge des Landesarchivs
Saarbrücken, Band 2, Saarbrücken 2005, S. 266

*Mitte: Saarländische Polizei geht
zu Pferd und zu Fuß mit Schlag-
stöcken gegen den Demonstra-
tionszug vom Staatstheater zum
Landtag vor, 23. Februar 1955.*

Aus: Paul Burgard, Ludwig Linsmayer,
S. 267

*Unten: Einsatzwagen und
Motorräder der Polizei schirmen
den saarländischen Landtag vor
den aufgezogenen
Demonstranten ab.*

Aus: Paul Burgard, Ludwig Linsmayer,
S. 265

96

Eingliederung in bundes-deutsche Organisationen

Empfang des DGB-Bundesvor-standes bei Ministerpräsident Hubert Ney (CDU) am 4. Februar 1957.

Aus: Wilfried Busemann, Kleine Geschichte der saarländischen Gewerkschaften nach 1945, im Auftrag der Arbeitskammer des Saarlandes, Saarbrücken 2005, S. 156

Am 18. Oktober 1955, fünf Tage vor der Volksabstimmung gründeten entschlossene Arbeitnehmer den DGB Saar. Nach dem Abstimmungs-kampf über das europäische Saarstatut war es auch für die in Ja- und Neinsager gespaltene Arbeiterbewegung ein schmerzlicher Prozess, den erbitterten Meinungsstreit zu verarbeiten. Zahlreiche Autonomis-ten büßten ihren Einfluss und ihre Ämter in Parteien und Gewerkschaf-ten ein.

Die oppositionelle Kommunistische Partei Saar wurde nach der Einglie-derung des Saarlandes in die Bundesrepublik bis zur Neugründung der DKP 1968 unterdrückt und konnte nur illegal weiterarbeiten.

Die christlichen Gewerkschaften des Saarlandes gliederten sich in den erst 1955 in der Bundesrepublik Deutschland neugegründeten Christ-lichen Gewerkschaftsbund (CGB) ein. Nach jahrelangen Streitigkei-ten um Kompetenzen und die Verteilung der Beiträge und durch die Verdrossenheit der Mitglieder über ermüdende parteipolitische Rich-tungskämpfe kam es zu Verhandlungen, die am 24. April 1966 zur Fusi-on der Gewerkschaft christlicher Bergbau- und Energiearbeiter mit der IG Bergbau des DGB führten.

Die durch die deutsch-französische Auseinandersetzung geprägte Arbeiterschaft an der Saar entwickelte sich nach der Beantwortung der nationalen Frage zum Brückenbauer zwischen Deutschland und Frankreich. So initiierte der DGB Saar 1972–1976 die Bildung eines Interregionalen Gewerkschaftsrates in der Region Saarland–Lothringen–Luxemburg, der zum Vorbild für zahlreiche ähnliche Einrichtungen in anderen europäischen Grenzregionen wurde.

Aufruf zu einer Arbeiter-Kundgebung der kommunistischen Partei Saar am 16. Oktober 1955.

Aus: Klaus-Michael Mallmann, Gerhard Paul, Ralph Schock, Reinhard Klimmt (Hg.), Richtig daheim waren wir nie, Entdeckungsreisen ins Saarrevier 1815–1955, Bonn 1995, S. 256

Szene einer Veranstaltung im Vorfeld der Volksabstimmung am 23. Oktober 1955.

Aus: Klaus-Michael Mallmann, Gerhard Paul, Ralph Schock, Reinhard Klimmt (Hg.), Richtig daheim waren wir nie, Entdeckungsreisen ins Saarrevier 1815–1955, Bonn 1995, S. 259

… und heute?

Die wesentlichen Forderungen der Arbeiterschaft aus der Zeit der Industrialisierung nach einem angemessenen Einkommen, Achtstundentag, Fünftagewoche, nach Arbeitsschutz, betrieblicher Mitbestimmung und sozialer Absicherung sind in beachtlichem Maße bereits nach dem Zusammenbruch des Kaiserreichs 1918 erreicht worden. Charakteristisch für das 19. und 20. Jahrhundert bleibt aber die parteipolitische Ausrichtung der Gewerkschaften. Erst nach jahrzehntelangen Richtungskämpfen setzte sich die Erkenntnis durch, dass sozialpolitische Forderungen von einer an Sachfragen orientierten Einheitsgewerkschaft effektiver vertreten werden können.

Der schleichende Bedeutungsverlust der politischen Parteien und der Gewerkschaften geht auch darauf zurück, dass sich in der zweiten Hälfte des 20. Jahrhunderts die alten Milieus langsam auflösten. Von der Gründung des Rechtsschutzvereins (1889) bis zur ersten SPD-Regierung im Saarland dauerte es fast ein Jahrhundert, bis auch Katholiken an der Saar sozialdemokratisch wählen konnten.

Mittlerweile nivellierte sich auch der alte Standesunterschied zwischen Arbeitern und Angestellten; alle sind heute Arbeitnehmer-innen.

Gründungskonferenz des Interregionalen Gewerkschaftsrates (IGR) Saar-Lor-Lux am 10. Juli 1976. Am Präsidium stehend Manfred Wagner, rechts davon Albrecht Herold.

Aus: Wilfried Busemann, Kleine Geschichte der saarländischen Gewerkschaften nach 1945, im Auftrag der Arbeitskammer des Saarlandes, Saarbrücken 2005, S. 217

An die Stelle der alten Arbeiterbewegung sind neue politische und soziale Initiativen getreten wie die Friedensbewegung, die Frauenbewegung und andere umweltpolitische und kapitalismuskritische Gruppen. Soziale Gerechtigkeit bleibt aber ein hohes Ziel, das unter sich wandelnden Bedingungen weltweiter wirtschaftlicher und medialer Vernetzung stets aufs Neue errungen werden muss.

Spontane Blockaden und Besetzungen kennzeichneten den Bergarbeiterstreik im März 1997.

Aus: Wilfried Busemann, Kleine Geschichte der saarländischen Gewerkschaften nach 1945, im Auftrag der Arbeitskammer des Saarlandes, Saarbrücken 2005, S. 156

Zu den Großkundgebungen des Bergarbeiterstreiks gehörte der legendäre Marsch über die Stadtautobahn A 620, hier am Messegelände Saarbrücken im März 1997.

Aus: Wilfried Busemann, Kleine Geschichte der saarländischen Gewerkschaften nach 1945, im Auftrag der Arbeitskammer des Saarlandes, Saarbrücken 2005, S. 244

Dokumente

aus der Frühzeit der Arbeiterbewegung an der Saar

Aus: Hans Pelger, Zur sozialdemokratischen
Bewegung in der Rheinprovinz vor dem
Sozialistengesetz,
in: Archiv für Sozialgeschichte, Jahrbuch der
Friedrich-Ebert-Stiftung, V. Band, 1965,
S. 382–387.

Aus einem Schreiben des Regierungspräsidiums

Trier, den 15. Juli 1878
Betrifft die sozialdemokratische Bewegung
In dem hiesigen Regierungsbezirke hat die sozialdemokratische Bewegung bisher im allgemeinen keinen Boden gefunden. Nur in dem Industriebezirke der Saar zeigten sich vor den letzten Reichstagswahlen (Januar 1877) Spuren geheimer Agitation, die zur Folge hatten, daß 324 Stimmen für einen sozialdemokratischen Kandidaten abgegeben wurden. Diese Agitation wuchs allmählich und kam im Juni und Juli vorigen Jahres im Kreise Saarbrücken zum offenen Ausbruch in eine Reihe von Volksversammlungen und in der Herausgabe eines sozialdemokratischen Blattes. (...) Die wenigen Zigarrenarbeiter in Ottweiler, die sich den sozialdemokratischen Bestrebungen angeschlossen hatten, haben nach ernster Verwarnung aus freier Entscheidung die Erklärung abgegeben, sich künftig von jeder Gemeinschaft mit dieser Umsturzpartei fernhalten zu können. (...) Ebenso sind in den Kreisen Saarlouis und Merzig vereinzelte Anstrengungen von Arbeitern vorgekommen, die auf eine gewisse Infektion von dem sozialdemokratischen Gifte deuten, größere Dimensionen aber noch nicht angenommen haben. (...) Was nun den Stand der sozialdemokratischen Bewegung in Saarbrücken anbetrifft, so ist auch hier eine Gefahr für die nächste Zeit nicht mehr vorhanden. (...) Nicht weniger als zehn Personen sind im Laufe des vergangenen Monats wegen Majestätsbeleidigung und ähnlicher Vergehen zur Untersuchung gezogen worden. Bei der Untersuchung gegen den Uhrmacher Metzger sind auch Korrespondenzen mit Beschlag gelegt worden, welche eine fortgesetzte Verbindung der hiesigen Agitatoren mit der Zentralleitung der Sozialdemokratie dartun. [...] Immerhin ist es sehr erfreulich, daß es im großen und ganzen bisher gelungen ist, die sozialdemokratische Bewegung von dem weitaus größten Teil der sehr erheblichen Arbeiterbevölkerung des Saargebietes fernzuhalten. Ein Hauptverdienst hieran gebührt den größeren Arbeitnehmern selbst.

Die alsbald nach dem ersten Ausbruch der offenen Agitation getroffenen Verabredungen der größeren Firmen, welche in dem hier wieder angeschlossenen Protokoll vom 6. Juli vergangenen Jahres niedergelegt sind, haben sofort durchgreifend gewirkt und werden noch jetzt gehandhabt.

Aus: Friedrichsthal, Bildstock, Maybach, Bilder und Dokumente zur Geschichte der Stadt, herausgegeben im Selbstverlag von Heimat- und Verkehrsverein Friedrichsthal-Bildstock e.V., Friedrichsthal 1975, S. 107
Vgl. Abbildung S. 63

Telegramm
Schloß Telegraphenamt Potsdam.
von Friedrichsthal, Kreis Saarbrücken
28/5 (18)89   12.25 Nachm(ittag)
An Seine Majestät des Kaiser und König, FriedrichsKron
Allerunterthänigste Bergleute des Saarreviers bitten allerunterthänigst um Ihr Wohlwollen und gnädiges Gehör. Durch schwere Unterdrückung aus Nothstand haben die Arbeiter durch eine Versammlung, in der über 3000 Mann anwesend, ihre Forderungen gestellt, das beschlossene Protokoll ebenda von der Versammlung festgesetzt, seinen vorschriftsmäßigen Weg zur Direction Oberbergamt durchlaufend bis zu Eu(er) Majestät gelangen sollte. Da unsere Behörde mit dem gewählten Vorstande sollte in Unterhandlungen treten, um die Einigkeit zu erzielen, jedoch erfolglos blieb, darum bitten wir unterthänigst Eu(er) Majestät, in dieser unserer bedrängten Noth Abhülfe zu schaffen.
Am 22. Mai folgte eine zweite Versammlung, (bei) der circa 15000 Mann anwesend waren, wobei der Beschluß einstimmig gefaßt wurde, nach gegebener Frist die Arbeit niederzulegen, welches am 23. d(ieses) M(ona)ts geschehen ist. Eu(er) Majestät bitten wir unterthänigst um Anhörung einer Deputation.

Allerunterthänigst
Vorstand der strikenden Bergleute:
Vorsitzender Nik(olaus) Warken, Stellvertreter Math(ias) Bachmann, Schriftführer Michel Schroth, Stellvertreter Johann Müller, Beisitzer Friedrich Nackas I., Michel Poth, Heinrich Dehmelt & Johann Stemmerich.

102

Landesarchiv Saarbrücken, Bestand,
Landratsamt Saarbrücken, Nr. 1831, S. 1

Gesuch um die Genehmigung einer Versammlung

Heute, den 14. Mai, wurde beschloßen, den Bergmann N(ikolaus) Warken zu wählen, dem H(errn) Bürgermeister anzuzeigen, eine Versammlung anzuberaumen auf dem Bildstock oder in dessen Nähe, jedoch
steht's dann Euer Wohlgeboren frei, dieses Lokal zu bestimmen.
Nr. 1: Die Lage der Bergleute zu verbessern, indem wier in einer Lage
stehen, wo wier und sehr getrückt fühlen.
2. Unsere Löhne zu erhöhen, um unsere Vaviele [=Familie] redlich zu
ernähren ...
3. Arbeits Zeit und gute Luft nach der Bewilligung der Besprechung wie
folgt.
Wir alle Untergebensten bitten Sie, den Ort zu bestimmen.
[Auf dem Rand:] Wenn kein Lohkal vorfündlich ist, wird die Versammlung unter Gottes freier Natur abgehalten.

Landesarchiv Saarbrücken, Bestand,
Bergwerksdirektion Saarbrücken,
Nr. 770, S. 160

Bildstock, den 23. Juli 1889
An
Die Chomision des
Saarreviers
Ich, Peter Fochs, erkläre wie ich noch auf Grube Friedrichsthal arbei-
tete im Jahre 1884 im Monate October übte ich in Saarlouis beim 4.
Rh(einischen) I(nfanterie)-R(egiment) N(r.) 30 4 Wochen und machte
in diesem Monat keine Schicht. Ich kam von der Übung zurück und ging
mit meinem Arbeits-Buch zum Obersteiger Wilh(elm) Becker, um mir
die Quittung von der Uebung in mein Arbeits-Buch eintragen zu lassen.
Der Obersteiger Wilh. Becker sagt zu mier: »Geh nur, es ist alles gut.«
In meinem Arbeitsbuch steht nichts und ich denke, die Schichten sind
geschrieben worden, weil nichts im Arbeits-Buch steht.
Ich glaube, Steiger Nic(olaus) Hellbrück hatte die Abtheilung.
gez. Peter Fox

Landesarchiv Saarbrücken, Bestand,
Bergwerksdirektion Saarbrücken, Nr. 770, S. 161

Urschrift!

Bergrad Breuer, welcher auf der Inspection Friedrichsthal war, setzte eine lebende Hecke an das Fiskalische Gebäute, wo jetzt Director Stapenhorst. Director Stapenhorst ließ diese lebende Hecke, welche in einem guten Zustande war, ausgraben und mit einer Mauer umgeben. Mathias Klasen, welcher bei diesem Obersteiger in einem Hause wohnte, der Obersteiger, wie dieses alles vorgekommen ist, heißt Wilh(elm) Becker, dieser Obersteiger Wilh(elm) Becker sagte dem Math(ias) Klasen, Bergmann, daß er die angebliche Mauer in der Grube verrechnet hat.

gez. Nick(olaus) Warken

Landesarchiv Saarbrücken, Bestand,
Bergwerksdirektion Saarbrücken,
Nr. 770, S. 3–4

Königliche Berginspektion VI
Betrifft Kündigung der Arbeit
An die Königliche Bergwerksdirektion zu Saarbrücken
Reden, den 30. Oktober 1889
Der Königlichen Bergwerksdirektion wird die gehorsamste Anzeige erstattet, daß die unterzeichnete Berginspektion gegen den Bergmann Johann Strauß I. von Schiffweiler die Kündigung der Arbeit ausgesprochen hat.

Derselbe ist Vertrauensmann des bergmännischen Rechtsschutzvereins, hat als solcher erst am 16. d(ieses) M(ona)ts die ernste Verwarnung erhalten, jeder Agitation und Bestrebung, welche außerhalb des statutenmäßigen Zweckes dieses Vereins liegen, bei Vermeidung der Kündigung sich zu enthalten, ist ferner, wie der gehorsamst unterzeichneten Berginspektion am 25. d(ieses) M(ona)ts zur Kenntniß gekommen, durch Schreiben der Königlichen Staatsanwaltschaft wegen Beleidigung der Königlichen Bergbehörde zur Anzeige gebracht worden, hat weiter [4] eine Versammlung des genannten Vereins auf den 27. d(ieses) M(ona)ts in Schiffweiler mit der beiliegenden Tagesordnung veranstaltet und endlich in dieser Versammlung, welche den in dem

weiter abschriftlich anliegenden Bericht des Bürgermeisters Bettingen vom 28. d(ieses) M(ona)ts geschilderten Verlauf nahm, den Vorsitz geführt, ohne den grobe Beleidigungen der Bergverwaltung vorbringenden Rednern irgendwie Einhalt zu thun, sicherlich Anlässe genug, die Kündigung zu rechtfertigen.
Königliche Berginspektion VI
[Unterschrift]

Landesarchiv Saarbrücken, Bestand, Bergwerksdirektion Saarbrücken, Nr. 770, S. 5

An
den Kgl. Ersten Staatsanwalt
Herrn Hepner
Hochwohl(geboren), Saarbrücken
Eu(er) Hochwohl(geboren) beehren wir uns in der Anlage Abschrift des von dem Bürgermeister Bettingen an das Kgl. Landrathsamt über die am 27. Octbr. in Schiffweiler abgehaltene Versammlung des Rechtsschutzvereins erstatteten Berichtes zu überreichen, in welcher wieder mehre(re) verleumderische Beleidigungen gegen die Bergbehörde hierselbst bzw. einzelne Beamte derselben begangen worden sind.
Es äußerte nämlich

1. der Bergmann Nikolaus Warken aus Hasborn: Die Steiger hätten sich selbst geholfen, das wüßte jeder, sie seien alle reich geworden und hätten alles gehabt, die Bergleute jedoch nichts. Der Direktor Stapenhorst hätte ihm erklärt, falls er ihm die nötigen Aufschlüsse über Grubenverhältnisse geben würde, würde er für ihn sorgen. Das Versprechen habe er nicht gehalten. Es sei in Friedrichsthal die reine Paschawirtschaft gewesen. – In Schwalbach (oder Griesborn) hätten die Beamten noch die Geißel in der Hand.–

2. In Friedrichsthal sei noch immer ein 3 Meter hohes Gitter vor dem Grubeneingang. Dieses sei, obschon die Entfernung desselben zugegeben, noch immer nicht beseitigt.

Landesarchiv Saarbrücken, Bestand, Bergwerksdirektion Saarbrücken', Nr. 770, S. 80

Nachweisung derjenigen Bergleute im Bezirke der Königlichen Berginspektion IX zu Friedrichsthal, welche aus Anlaß der Arbeiterbewegung durch Agitation, subordinationswidriges oder sonstiges unziemliches Verhalten sich sofortige Entlassung oder Kündigung zugezogen haben.

Lfd. Nr.	Vor- und Zunamen	Wohnort	Arbeitsstelle Grube:	Ist derselbe sofort entlassen worden?	Ist demselben mit- 14-tägiger Frist gekündigt worden?	Gründe der Entlassung bezw. der Kündigung.
1	Nikolaus Warken II	Hasborn	Friedrichsthal	Nein	Ja.	Wegen hervorragender agitatorischer Thätigkeit; war I. Vorsitzender des Streikkomitees
2	Mathias Bachmann	Bildstock	desgl.	Nein	Ja.	desgl.; war II. Vorsitzender
3	Johann Müller 42.	Kolonie Friedrichsthal	desgl.	Nein	Ja.	desgl.: war Mitglied des Streikvorstandes
4	Johann Klos	Gennweiler	desgl.	Nein	Ja.	Wegen subordinationswidrigem Benehmen gegen einen Steiger, hervorgerufen durch Versetzung durch seine Kameraden. Die Kündigung wird nach Eintritt ruhigerer Zeiten voraussichtlich wieder zurückgenommen werden.

Landesarchiv Saarbrücken, Bestand,
Bergwerksdirektion Saarbrücken',
Nr. 770, S. 180

Nalbach den 21.7.89

Geehrter Herr Warken!

Ich bin jetzt in der Lage, daß ich mich an Sie wenden muß, indem Sie Vorsitzender von dem Bildstocker Kommite sind, obschon ich pensionirter Bergmann bin, seit dem 1. Oktober v(origen) J(ahre)s, will ich dennoch von der Kommission gehört werden, wo sie denn so gut sein werden und mich einreichen werden, damit ich gehört werde, denn ich habe wichtige Gründe, gegen Herrn Materialien-Verwalter Herrn Schley und Herrn Tagesteiger Bieg. Die Gründe will ich ihnen hier gleich anführen.

Ich habe 26 Jahre auf Grube [181] Heinitz als Holzarbeiter im Material-Betrieb gearbeitet. Am 1. April vorigen Jahres wurde ich dem Baubetrieb übergeben, und wurde in einen Schichtlohn von 2 M(ark) 20 Pf. Versetzt; bei meiner Entlassung erkundigte ich mich bei den Herrn, aber keiner hatte etwas gegen mich einzuwenden, als Grund der Entlassung gaben sie an, die Belegschaft der Sägemaschine würde reducirt, was aber gelogen war, denn sie hatten schon im Voraus, ehe meine Entlassung ausgefertigt war, einen jungen Mann im Alter von 22 Jahren auf Grubenabtheilung Dechen bestellt für auf meinen Posten, ich war nämlich erster Gatterführer. Jetzt machte ich eine schriftliche Eingabe an die Kö[182]nigliche Berginspektion VII, wurde aber durch falsche Angaben bei der Inspektion durch Herrn Schley abschlägig beschieden. Ich machte aus diesen Gründen am 14. Mai vorigen Jahres eine Immediat-Eingabe an unseren hochseligen und unvergeßlichen Kaiser und König Seiner Majestät Kaiser Friedrich den III, in dem ich 4 Jahre beim Rheinischen Pionier-Bat(aillon) No. 8 gedient habe, habe auch die Feldzüge 64, 66, 70 u. 71 mitgemacht, habe 4 Orden und Ehrenzeichen von Seiner Majestät dem Kaiser Wilhelm I. verliehen und wurde dennoch abschlägig beschieden, indem mir Herr Schley ein ruchloses falsches Zeugniß ausstellte, was ich beweisen kann.

Dann will ich bei der Kommission angeben, wer dem Herrn Schley die Butter, die Hasen, die [183] Schweine und die Kartoffeln geliefert hat, es ist noch einer da, den ich angeben werde, der arme Mensch mußte Kirschen, Zwetschen, sogar Heidelbeeren unter vielen Schweißtropfen nach Heinitz dem Herrn Schley besorgen. Auch haben die Herrn sich verschiedene Arbeiten ausführen lassen von der Belegschaft des Säge-betriebs, unter der Schicht zu Ihrem Vortheil.

Das werde ich auch angeben. Im vorigen Jahr haben wir den Herrn Schley und Bieg, Abtrittsdünger in ihre Gärten gefahren auf Befehl des Vorarbeiter Lechner 2 nach der Schicht. Ich habe daher jeden der bei-den Herrn einen Zahlungsbefehl zustellen lassen durch den Gerichts-vollzieher, wo sie Widerspruch erhoben haben. [184] Der Bescheid von der Eingabe an Seiner Majestät des Kaisers Friedrich III. lautet, ich sei aus dem Grunde der Bauabtheilung Heinitz als Tagelöhner überwiesen worden, weil ich zu allen andern Arbeiten untauglich gewesen sei, ich arbeite aber schon seit dem 2. Januar im Sägebetrieb des Herrn Bau-meister Schmitt in Louisenthal bei Saarbrücken als pensionierter Berg-mann. Den Bescheid werde ich der Kommission vorlegen, und sie in ein ganz klares Licht stellen.

Ganz ergebenster

Gez. Joh(ann) Quinten I.

pens(ionirter) Bergmann

Noch will ich beweisen, das Herr Schley ein falsches Zeugniß gegen mich angefertigt hat, als Staatsbeamter, erstens mit der ganzen Be-legschaft ....

Landesarchiv Saarbrücken, Bestand,
Bergwerksdirektion Saarbrücken',
Nr. 770, S. 39–43

An den Königlichen Staatsminister und Minister
der öffentlichen Arbeiten,
Herrn von Maybach, Excellenz, Berlin

Betrifft Kündigung des Bergmanns Johann Müller 42 und Zahlung von
Schichtlohn an denselben.

Eurer Excellenz beehrt sich die unterzeichnete Bergwerksdirektion in
nebenstehender Angelegenheit Folgendes ganz gehorsamst vorzutra-
gen:

Der Bergmann Johann Müller 42. war vor und während der Arbeiterbewegung vermöge seines Einflusses auf einen beträchtlichen Theil der
Belegschaft der Grube Friedrichsthal, welchen er durch das halten von
reden in Bergmannsversammlungen, sowie durch sonstige systemati-
sche Verhetzung der Leute geltend machte, eines der hervorragendsten
agitatorischen Mitglieder des Streikvorstandes.- Er war es gewesen, der
am 23. Mai d(ieses) J(ahres) - dem Tage der allgemeinen Arbeitseinstel-
lung – die am Grühlingsstollen oben genannter Grube einfahrenden
Bergleute hauptsächlich von der Fortsetzung der Arbeit abhielt, indem
er denselben zurief: »Es fährt mir [40] keiner an! In der Versammlung ist
beschlossen worden, daß kein Zoll breit nachgegeben wird. Mir nach!«
– Kurz vorher hatte p. Müller seinen Kameraden gegenüber bemerkt:
»Wofür habt ihr mich denn gewählt, für einen Lumpen oder sonst was?
Mir nach!« Wegen dieser Äußerungen wurde der Genannte der Königlichen Staatsanwaltschaft zur Anzeige gebracht und in I. Instanz mit
einem Tag Gefängniß bestraft, in II. Instanz jedoch freigesprochen. Daß
dem p. Müller seitens des Referenten nicht schon bei dieser Gelegen-
heit die Kündigung ausgesprochen worden ist, unterblieb lediglich aus
Opportunitätsgründen. Denn es erschien dem Referenten damals nicht
rathsam, mit Maßregelungen in größerem Umfange vorzugehen, viel-
mehr erachtet es derselbe als erforderlich, nach erfolgter Kündigung
der Haupträdelsführer – Warken und Bachmann – auf Grube Friedrichsthal vorläufig weitere Kündigungen zu unterlassen.

Nach der allgemeinen Wiederanfahrt der Bergleute – am 3. Juni d(ieses) J(ahres) – war es wiederum Johann Müller 42., welcher stets bemüht war, die Unzufriedenheit der Friedrichsthaler Bergleute durch Hinweis auf angeblich bestehende Mißstände, unerfüllte und unerfüllbare Forderungen pp. auf's Neue zu erregen, und welcher durch Widersetzlichkeit gegen die bestehenden Vorschriften die [41] Disciplin zu untergraben suchte, weshalb er mehreremals hat verwarnt und endlich auch bestraft werden müssen. Er hat sich beispielsweise nicht nur erdreistet, öfters 20-30 Minuten und mehr zu früh auszufahren und einige Male ohne Urlaub – angeblich wegen Erkrankung seiner Frau – ganze Schichten zu feiern, sondern er trieb die Frechheit so weit, einmal in einer Bergarbeiterversammlung, sodann aber seinem Abtheilungsleiter gegenüber zu erklären, daß, wenn das neu angebrachte Gitter am Grühlingsstollen, vermittelst welchem es ohne Behinderung der freien Ausfahrt ermöglicht ist, zu früh ausfahrende Leute sowohl von der Lampenbude, als auch von den Steigerbüreaus aus zu kontrollieren, nicht wegkäme, dasselbe eines Tages zerstört werden würde. – Ferner wurde p. Müller in der Grube mit unverschlossener Sicherheitslampe angetroffen, welcher Umstand bei demselben um so mehr in's Gewicht fällt, als er schon einmal wegen fahrlässiger Tödtung durch Entzündung schlagender Wetter auf Grube Dudweiler mit 6 Monaten Gefängniß bestraft worden ist. Weiter möchte zu erwähnen sein, daß der Mehrgenannte in vollständig unmotivirter Weise den Obersteiger Rösch der Grube Friedrichsthal – seinen direkten Vorgesetzten – bei der Königlichen Staatsanwaltschaft wegen angeblicher Majestätsbeleidigung denunziert hat, indessen nach einer Mittheilung dieser Behörde [42] abgewiesen worden ist, weil nach den angestellten Ermittlungen die inkriminirte Äußerung nach Ihrem ganzen Sinn und Zusammenhang eine Ehrverletzung S(eine)r Majestät des Kaisers nicht enthalte. Nachdem alle Verwarnungen und Strafen fruchtlos geblieben waren und p. Müller trotz derselben sein Thun und Treiben unentwegt fortsetzte, wurde demselben im Interesse der Disciplin am 16. Oktober

110

d(ieses) J(ahres) die Arbeit gekündigt. Es lag nun die Befürchtung nahe, daß der genannte nach einmal ausgesprochener Kündigung die Belegschaft noch mehr als früher aufreizen und vielleicht zu einem unbedachten Schritte verleiten würde, zumal der Tag des Ablaufes der Kündigungsfrist fast mit dem 1. November d(ieses) J(ahres) zusammenfiel, an welch' letzterm Tage – dem allgemeinen Gerüchte nach - eine erneute Arbeitsniederlegung stattfinden sollte.

Aus diesen Gründen schien es dem Referenten unabweislich geboten, dem p. Müller gleichzeitig mit dem Ausspruch der Kündigung die Wiederanfahrt, sowie überhaupt das Betreten des Grubengebietes zu untersagen und demselben für die in die 14-tägige Kündigungsfrist entfallenden 12 Arbeitstage das Durchschnittslohn für Hauer mit 3,50 M(ark) für eine Schicht, also im Ganzen 42 Mark zu zahlen. Diese Ausgabe erschien dem Referenten unter den geschilderten Verhältnissen um so mehr gerechtfertigt, als – falls obige Befürchtung eingetreten wäre und die Belegschaft auch nur eine Stunde gefeiert hätte – der [43] hierdurch dem Bergfiscus erwachsene Schaden mit dem gezahlten Betrage von 42 Mark in gar keinem Verhältnis gestanden haben würde.

Obwohl das Verfahren des Referenten neu ist und als Regel nicht gutgeheißen werden kann, so dürfte doch die Zweckmäßigkeit für den vorliegenden Fall anzuerkennen sein. Eure Excellenz bittet daher die unterzeichnete Bergwerksdirektion gehorsamst um die Ermächtigung, den aufgegangenen Betrag von 42 Mark in besonderer Position unter Kapitel 14, Titel VII, A, b des laufenden Etats des genannten Steinkohlenbergwerks Ausgabe nachweisen zu dürfen.

Saarbrücken, den 14. November 1889
Königl(iche) Bergwerksdirektion
Nosse, v. Hinckeldey, Böttger, Stapenhorst

Aus der Chronik der katholischen Schule zu Walpershofen, zitiert nach Archiv der evangelischen Kirchengemeinde Kölln, Karl Rug, Annalen, S. 336–337.

Die Revolution im Köllertal (November 1918)

Nur ein Fünkchen genügt, um Brennstoffe, die hinreichend vorbereitet sind, zu entflammen. Revolutionierende Matrosen, die sich nach den wichtigsten Städten Deutschlands begaben, brachten es fertig, eine Bewegung zu entfesseln, die in allen Staaten Deutschlands die Republik an die Stelle der Monarchie setzte. Am 9. November 1918 kamen etliche Matrosen nach Saarbrücken und gründeten dort mit Hilfe sozialistischer Elemente einen Arbeiter- und Soldatenrat, einen Sowiet, wie der russische Name lautet. Ohne Widerstand ordneten sich Verwaltung und Polizei dem Sowiet unter. Am Abend des 9. November hörte ich in Heusweiler eine Frau erzählen, daß die Kaufleute von Saarbrücken ihre Häuser aus Furcht vor Plünderungen geschlossen hielten. Am Morgen des 10. November (Sonntag) kam mir die neueste Nummer der »Saarbrücker Zeitung« in die Hände. Unter dem Titel war zu lesen: »Organ des Arbeiter- und Soldatenrates«. Auch in unserer Bürgermeisterei bildete sich ein Arbeiter- und Soldatenrat. Er setzte sich zusammen aus Anhängern des Sozialismus; er nahm seinen Sitz im Bürgermeistereigebäude zu Riegelsberg und überwachte dort die Verwaltung.

Auf dem Gebiete des Etzenhofener Bahnhofes war in den letzten Kriegsjahren eine Menge Nutzholz aufgestapelt worden. Das Holz war sicher mehrere Millionen Mark wert. Wenige Tage nach dem Ausbruch der Revolution redete man davon, daß gewisse Leute Holz vom Etzenhofener Bahnhof hätten mitgehen lassen. Mit jedem Tage wagten sich mehr Leute an das Holz, und schon nach zwei bis drei Tagen begann der Riegelsberger Arbeiter- und Soldatenrat, das Holz zu versteigern. An zwei Tagen wurde das Holz versteigert, dann aber hörte alle Ordnung auf, denn nicht nur aus den Ortschaften des Köllertales, sondern auch aus entfernteren Dörfern strömten die Leute herbei, um ihren Teil von dem Holze zu nehmen, sie kamen mit Pferdewagen, Kuhwagen und Handwagen, luden auf, was der Wagen trug, und fuhren heim, um nach dem Abladen sofort wiederzukommen und weitere Beute zu

holen. Das dauerte über eine Woche Tag und Nacht. Auf den Haupt-
wegen war es so, daß auf der einen Seite des Weges diejenigen Wagen
fuhren, die nach dem Holzlager hinstrebten, auf der anderen Seite jene,
die beladen heimfuhren. Stets folgten die Wagen unmittelbar, so daß
man kaum die Straße überqueren konnte.

Nachdem dies Treiben über eine Woche gedauert hatte, ließ sich eines Abends ein Maschinengewehr auf dem Bahnhof hören. Es hieß, die
Saarbrücker Handelskammer habe das Holz beschlagnahmt und Soldaten zu dessen Schutz auf dem Bahnhof aufgestellt. Wirklich sah man
an ein paar Tagen etliche junge Leute bewaffnet auf dem Holzplatze
umhergehen. Dann verschwanden Wächter und Waffen und das Volk
nahm den Abtransport des billigen Holzes wieder auf. Aber die Freude währte nur wenige Tage. Am 1. Dezember, einem Sonntag, kamen
französische Truppenteile ins Köllertal und auf dem Holzlager trat Ruhe
ein und das noch vorhandene Holz wurde Eigentum der Franzosen und
später nach Frankreich geschafft.

Walpershofen hatte vor Ankunft der Franzosen deutsche Einquartie-
rung und vor dieser österreichische. Die durchziehenden deutschen
Truppen gingen ohne Waffen, aber jede Abteilung hatte mehrere rote
Fähnlein. Deutschland stand ja unter den Sowjets. Den linksrheinischen
Sowjets machte die fremdländische Besatzung ein schnelles Ende.

Außer der erwähnten Holzentnahme ist für Walpershofen während der
Revolution nichts Besonderes zu verzeichnen. Bei der Wahl der deutschen Nationalversammlung (Februar 1919) blieben die Katholiken fast
alle der alten Zentrumsfahne treu; die protestantischen Wähler, die
früher alle im nationalliberalen Lager standen, gingen in überwiegen-
der Mehrheit (etwa zu 4/5) zu den »Roten« über.

Der Herbst des Jahres 1919 brachte manchen Orten ein »Revolutiön-
chen«. Es waren durch die sogenannte<n> Spartakisten ausgeführten
Plünderungen. Eine solche war auch im benachbarten Heusweiler
(Anfang Oktober abends gegen 8 Uhr). Die Plünderer zählten mehrere hundert Kerle, die meist von auswärts waren, aber in Heusweiler

Gesinnungsgenossen hatten. Sie raubten zwei Kaufläden aus. Sicher hätte sich dies Treiben weiter ausgedehnt, wenn nicht am folgenden Abend zahlreiche Automobile mit französischen Soldaten gekommen wären und die Nacht hindurch alle Straßen und Wege befahren hätten. Die Spartakisten blieben fortan zuhause und ein Teil von ihnen wurde vom französischen Militärgericht zu schweren Strafen verurteilt.

Walpershofen, den 16. Januar 1924.

gez. Benzmüller

Benutzte Archivalien

Landesarchiv Saarbrücken

BESTAND ‚BERGWERKSDIREKTION SAARBRÜCKEN' (VORMALS LANDESHAUPTARCHIV KOBLENZ, ABTEILUNG 564)

- Nr. 33, 35, 36, 40 Deputatkohlen der Bergleute 1904-1919
- Nr. 34, 1519, 2387 Mildtätige Zwecke (Kohlenabgabe) 1816-1933
- Nr. 119, 865, 1403 Ablegung und Abgang der Bergarbeiter zu fremden Bergbezirken und Werken
- Nr. 149, 415, 673 Nachweisung der monatlichen Kohlenförderung, Arbeitstage und Arbeitsleistung
- Nr. 154, 414, 672, 836 Nachweisung der durchschnittlichen Arbeiterzahl nach den verschiedenen Arbeiterkategorien sowie der Pferdeknechte und Grubenpferde 1870-1918
- Nr. 212, 345 Förderung per Mann und Schicht resp. Arbeitstag 1912-1919
- Nr. 290, 717, 770 Arbeiterbewegungen 1871-1923
- Nr. 292, 699, 716, 717, 771 Die Arbeiter-Aussschüsse bei den Gruben
- Nr. 298, 723, 789 Angelegenheiten der Vertrauensmänner auf Grube Gerhard
- Nr. 409, 499 Förderung des Arbeiter-Wohnungswesens
- Nr. 487 Graphische Darstellungen des Absatzes 1861-1896
- Nr. 628, 1125-1132 Verhältnisse des Bergarbeiterstandes
- Nr. 688-690, 698, 701, 702 Wiederanlegungsgesuche der an Ausständen besonders beteiligten Arbeiter 1893-1897
- Nr. 700, 703 etc. Wiederanlegung der Bergarbeiter 1889-1921
- Nr. 728, 1573, 1584 Bergmannskolonien
- Nr. 818, 1184, 1090-1093 Menagewirtschaft in den Schlafhäusern und Schlafhaus-Angelegenheiten
- Nr. 862, 1232 Zusammenstellung der Arbeitsöhne und -zeiten, der Lebensmittelpreise, der Preise für Wohnungen, Heizung und Beleuchtung in einigen Ortschaften der Saarbrücker Bergarbeiter 1881-1912
- Nr. 1243, 1244 Einführung der Bergesetz-Novelle von 1909 (betr. Sicherheitsmänner)
- Nr. 1721 Verzeichnis der wiederangelegten Bergarbeiter 1882-1921

BESTAND ‚BILDERSAMMLUNG'

- Nr. B 1423 G "Der wackere Vorkämpfer für des Bergmannsstandes "Schutz und Recht" Nikolaus Warken (gen. "Eckstein"), * 26.12.1851, + 24.08.1920", Druckgraphik aus dem 19. Jahrhundert (Reproduktion, auf Holz aufgezogen)

BESTAND ‚DEPOSITUM AMT ILLINGEN'

- 893 Generalakten betr. Verschiedenes, enthält u.a. Verfügung zur Beschlagnahme einer Druckschrift von Karl Liebknecht
- 944 Generalakten betr. staatsgefährliche Bestrebungen, Socialdemokratie, Anarchie etc. 1895-1934
- 946 Staatsgefährliche Bestrebungen, Socialdemokratie 1902-1934
- 992 Generalakten betr. Vereins- und Versammlungspolizei (u.a. sozialdemokratische Maifeiern) 1850-1934
- 995 Öffentliche Aufzüge, veranstaltet von SPD, KP, NSDAP etc.)

- 997 Versammlungen (u.a. Gewerkverein christlicher Bergarbeiter, Verband der Berarbeiter-Deutschlands, Sozialdemokratie) 1905-1910
- 1000 Vereins- und Versammlungspolizei (u.a Gewerkverein christlicher Bergarbeiter, Zentrum, SPD) 1908-1931
- 1001 Satzungen der Vereine in Illingen (darunter SPD)

BESTAND ,BÜRGERMEISTEREI SULZBACH'

- Nr. 60
- Nr. 110
- Nr. 113
- Fach 67 Maßnahmen gegen staatsgefährliche Bestrebungen
- Fach 70, No. 1 Preßpolizei, Zeitungen, Buchhandel betr. langweilige Verfügungen, Bekämpfung der Schundliteratur durch Kirche.

BESTAND ,LANDRATSAMT SAARBRÜCKEN'

- Nr. 0474 Streik, darin u.a. Flugblatt "Zum Streik auf den Saargruben. Erklärung der Administration des Mines Domaniales Françaises"; Flugblätter des Saarzentralverbandes der Bergarbeiter zum Abbruch des Streiks, enthält Polizeiberichte über Vorfälle während der erhitzten Atmosphäre des Streiks, darin u.a. S. 23: Bericht über die Verrammellung von Haustüren arbeitswilliger Bergleute an Hexennacht (30. April - 1. Mai 1923) in Friedrichsthal; S. 71: Bericht des Landjägers Lahmer an den Bürgermeister in Püttlingen vom 16. April 1923 über Auseinandersetzungen zwischen Streikposten und französischen Gendarmen, die die Streikposten der Gewerkschaft verjagen wollten; S. 164-165: betr. Schüsse in Sulzbach, die angeblich auf französische Gendarmen, die aus einer Wirtschaft kamen, abgefeuert wurden
- Nr. 1098 Orts- und Betriebs-Krankenkassen im Kreise Saarbrücken 1896-1904
- Nr. 1222 Sanitätskolonnen vom Roten Kreuz in den Gemeinden des Kreises Saarbrücken; enthält: Gründungsjahr einzelner Kolonnen; Korrespondenz mit dem Provinzialverein Koblenz 1913-1915
- Nr. 1157, 1159 Kranken- und Sterbekassen-Vereine im Kreise Saarbrücken 1890-1897, 1897-1902
- Nr. 1831 Bewegung unter den Bergleuten, Lohnbewegung im Frühjahr 1889
- Nr. 1832 Arbeitseinstellungen auf den Saargruben, Mai-Juli 1889
- Nr. 1833 Bewegung unter der Arbeiterschaft 1889-1920
- Nr. 1834 Bewegung unter den Bergleuten 1889-1890
- Nr. 1835 Bewegung unter den Bergleuten, darin: Geheimakten, 1889-1893
- Nr. 1836 Bewegung unter den Bergleuten, März-Juli 1890
- Nr. 1837 Bewegung unter der Arbeiterschaft 1890-1898
- Nr. 1838 Bewegung unter der Arbeiterschaft, November 1891- April 1893
- Nr. 1839 Streik, 1892-1893
- Nr. 1840 Arbeiterstreiks, allg. Verfügungen 1872-1873
- Nr. 1842 Bewegung unter verschiedenen Bergarbeiterkategorien, 1901,1906
- Nr. 1843 Streik der Burbacher Hüttenarbeiter, Juni 1806
- Nr. 1844 Bergarbeiterstreik 1923
- Nr. 1845 Bewegung unter der Arbeiterschaft, Sicherheitsvorkehrungen, 1923
- Nr. 1846 Verschiedene Arbeitsniederlegungen (Streiks), 1924-1930
- Nr. 1847 Bewegung unter der Arbeiterschaft von Gruben und Hütten: Arbeiterentlassungen, Notstandsarbeiten; Erwerbslosenunterstützungen, darin: Statistik (1928) der Saargruben mit

Belegschaftsziffern, 1928-1932
- Nr. 1848 Arbeitsniederlegungen in verschiedenen Betrieben, 1930-1936
- Nr. 1849 Deutsche Arbeitsfront, darin: Nachweis von Personen, die in lothringischen Gruben beschäftigt sind, 1935
- Nr. 2058 Streikberichte des Landrats an die Regierungskommission, Abteilung des Innern und Oberste Polizeiverwaltung, März-April 1923

BESTAND ‚LANDRATSAMT ST. INGBERT'
- Nr. 242 Staatspolizei, enthält u.a. S. 164-184 SPD-Gewerkschaftsfunktionäre im Kreis St. Ingbert
- Nr. 590 Regulierung der Tumultschäden vom Oktober 1919, darin enthalten u. a. Schreiben vom 15. Dezember 1919 und vom 25. September 1920 (enthält Liste der 6 geschädigten Geschäfte, vertreten durch Anwalt Kahn in Zweibrücken).
- Nr. 740 Besatzungszeit, Streiks, Belagerungszustand 1919-1923
- Nr. 1142 Aufrechterhaltung der öffentlichen Ruhe
- Nr. 1147 Streiks allgemein, enthält: Schreiben des Bezirksamtes St. Ingbert an die Regierungskommission, Abt. des Innern, vom 22. September 1932 betr. drohenden Streik wg. sozialpolitischen und lohnpolitischen Forderungen

BESTAND ‚EINZELSTÜCKE'
- Nr. E 91 Erinnerungsstücke an Nikolaus Warken: Eigenhändig geschriebene Chronik (Kopie S. 1 und 2); Schreiben an die Bürgermeisterei Friedrichsthal betr. Versammlung in Bildstock (Kopie)

BESTAND ‚NACHLASS KURT HOPPSTÄDTER'
- Nr. 35 Aufruf an die werktätige Bevölkerung des Saargebietes zu 1. Mai 1946 (DIN A 5)

BESTAND ‚NACHLASS JOHANN KLEIN'
Der Nachlaß Johann Klein (9. Januar 1902 Ittersdorf - 25. Mai 1976 Saarbrücken) umfaßt ca. 1 lfd. m Druckschriften zur Sozialpolitik der Jahre 1948-1969.

BESTAND ‚NACHLASS JAKOB KRAUS'
Der Nachlaß Jakob Kraus (30. Mai 1881 - 15. Januar 1952) umfaßt ca. 0,6 m Privat- und Arbeitspapiere, Schriftgut des Kath. Arbeitervereins Lautzkirchen sowie Flugblätter aus den Jahren 1900-1926.
- Nr. 3 Lohnzettel Jakob Kraus, Grube Heinitz, Steigerabteilung 3, 5 und 15, August 1900 - Januar 1906
- Nr. 4 Gedingelohnermittlung für die Kameradschaft Viktor Meyer und Jakob Kraus, Grube Heinitz, November 1908 - Oktober 1909
- Nr. 5 Persönliche Aufzeichnungen Jakob Kraus über Förderleistung und Lohn pro Schicht im Jahre 1909, betr. u.a Beschaffung von Fahrradreifen im Ersten Weltkrieg
- Nr. 6 Berechnungen der Anzahl Schichten auf der Grube Heinitz je Schichtgruppe der Kameradschaft Jakob Kraus 1914-1918, enthält: Satzung des Verbandes der katholischen Arbeitervereine (Berlin) mit Unterstützungstabelle auf dem Rückendeckel
- Nr. 16 Abrechnungsbelege des kath. Arbeitervereins Lautzkirchen Februar 1911 - Oktober 1918
- Nr. 17 Zahlungsanweisungen und Quittungen des kath. Arbeitervereins Lautzkirchen für ausge-

zahlte Beträge an Sterbe-, Kranken-, Erwerbslosen- und Kriegsunterstützungen, enthält: Kollektiv-Unfallversicherung der »Freia« für die Mitglieder des Verbandes der katholischen Arbeitervereine (Sitz Berlin)

- Nr. 18 Brief Kraus vom 13. November 1908 und Verbandsorgan "Der Arbeiter" vom 22. Januar 1911
- Nr. 19 Beitragszahlungen der Mitglieder des kath. Arbeitervereins Lautzkirchen 1914-1920 und undatiert, enthält auch Korrespondenzblatt der beruflichen Fachabteilungen des Verbandes der katholischen Arbeiter-Vereine (Sitz Berlin)
- Nr. 22 Empfängerkorrespondenz Jakob Kraus von Kaplan E. Kempf zum Verhältnis des süddeutschen Arbeitervereins zum kath. Arbeiterverein Berliner Richtung, enthält auch Regelungen für die Einkaufskasse mit Märkchen des Verbandes
- Nr. 24 verschiedene Druckschriften: Aufruf zu Bergarbeiterversammlungen (angebrannt) um 1908; »Wissen ist Macht«, zweiseitig; Kath. Verkehrs- und gewerbliche Hilfsarbeiter, zweiseitig
- Nr. 26 Flugblatt »Saarbergmann, wache auf!« Der Bergarbeiterverband zur bisherigen Haltung von Zentrum und Gewerkverein christlicher Bergarbeiter in der deutschen Arbeiter- und Gewerkschaftsbewegung, Flugschrift, verantwortlich: Theodor Wagner, Bochum 1910
- Nr. 29 Druckschriften: "Arbeiter, Bürger!" betr. Moabiter Krawalle, und "Auf zur Reichstagswahl!" Die Saar SPD gegen Nationalliberale und Zentrum sowie Wahlaufruf, die saarländischen SPD-Kandidaten Hermann Faber, Oberstein, Johannes Leimpeters, Saarbrücken, und Karl Krämer, Sulzbach, zu wählen, Berlin 1912
- Nr. 30 Zettel mit maschinenschriftlichen Notizen N. N. zu politischen Forderungen der Bergarbeiter (sieben Positionen), enthält auch »Was fordert die Stunde vom Saarbergmann? vierseitige Druckschrift des Gewerkvereins christlicher Bergarbeiter vom 1. September 1913, verantwortlich Fritz Kuhnen, Saarbrücken, und »Weckruf an die Bergleute der Westpfalz (auf der Rückseite datiert »08«
- Nr. 31 (Großformat) die ersten 5 Plakate (Zettel inliegend) Plakate zur Reichstagswahl, darunter 2 der Kandidaten Leimpeters und Hué (SPD), alle übrigen von kath. Verbänden

BESTAND ‚PLAKATE'

- Plakate Nr. 403 3° Volksversammlung der KPD, Bezirk Saargebiet, am Sonntag, den 11. Januar 1931 um 13 Uhr im Lokal Gabriel Jung, Tagesordnung "Über und von Rußland«, Referent Oskar Müller aus Wiebelskirchen
- Nr. 9358 1° Wohltätigkeitskonzert der Arbeiterwohlfahrt St. Ingbert, 1926

BESTAND ‚SAMMLUNG KARL HANDFEST ZUR GESCHICHTE DER ARBEITERBEWEGUNG'

- überwiegend Druckschriften

BESTAND ‚ZEITGESCHICHTLICHE SAMMLUNG SCHNEIDER-BECKER'

- Nr. C XIV 11 Gewerkschaft, 11a Mitbestimmung und Gewinnbeteiligung
- Nr. D IV Sozial- und Versicherungswesen des Saarlandes
- Nr. D IV 6 Kasse für Familienzulage, Kindergeld
- Nr. D VI Saarländische Verbände, Organisationen und Vereine, Körperschaften des Öffentlichen Rechts
- Nr. D VI 8 Gewerkschaft und Politik

- Nr. D VI 9 Einheitsgewerkschaft
  - 9 b
    - Forderungen der Einheitsgewerkschaft, Volksstimme vom 1.12.1949
  - 9 c
    - Reaktionäres Eisenbahnergesetz soll in Kraft treten, Neue Zeit vom 25.10.1951
    - Drohender Generalstreik an der Saar, Eisenbahner demonstrieren gegen Hoffmann, Westfälische Nachrichten, Münster i. W., 11. Juli 1951
  - 9 d
    - Immer noch Überwachung der Briefpost, Christl. Gewerkschaft, Postgewerkschaft, Offener Brief vom 29. April 1955
  - 9 e
    - Keine Wahrung des sozialen Besitzstandes, Juli 1959
    - Urabstimmung im Öffentlichen Dienst
    - Öffentlicher Dienst fordert 13. Monatsgehalt
    - ÖTV-Landesbezirk Saar gegründet , Saarbrücker Zeitung vom 18. September 1958
    - Forderungen des Öffentlichen Dienstes, 3. Juni 1953
    - Protestkundgebung des öffentlichen Dienstes, SVZ vom 12.12.1952
  - 9 f
    - »Die Fackel«, Schulungsbrief für Jungfunktionäre des I.-V. Bergbau der Einheitsgewerkschaft
  - 9 g
    - Saar-Gewerkschaften protestieren, Kölnische Rundschau vom 21. März 1952
  - 9 h
    - Schwüle Luft im Saargebiet, Generalstreik für 24 Stunden ausgerufen, Die Tat, Zürich, vom 26. Februar 1955
    - Generalstreik, Volksstimme vom 26. Februar 1955
    - Generalstreik der Metallarbeiter, Volksstimme vom 22. Februar 1955
- Nr. D VI 10 Industrieverband Bergbau
- Nr. D VI 11 Christliche Gewerkschaft
- Nr. D VI 12 I.G.-Bergbau, neuer I.V.-Bergbau

Stadtarchiv Dillingen

BESTAND ‚FOTOSAMMLUNG'

Stadtarchiv Friedrichsthal

BESTAND ‚FOTOSAMMLUNG'

Stadtarchiv Neunkirchen

BESTAND ‚FOTOSAMMLUNG'
BESTAND ‚ZEITUNGEN'

- Neunkircher Volkszeitung

Stadtarchiv Püttlingen

BESTAND ‚FOTOSAMMLUNG'
- 43/1937/02
- 43/1937/03
- 43/1944/03

Stadtarchiv Saarbrücken

BESTAND, GROSSTADT SAARBRÜCKEN'
(betr. Arbeiter- und Soldatenrat, (Sonderverwaltungen im Ersten Weltkrieg und der Nachkriegs-zeit)
- 1118 Sammlung von Drucksachen aus der Revolutionszeit 1918
- 1586 Waffenstillstand und Demobilmachung 1918-1920
- 1116 Arbeiter- und Soldatenrat, enthält vor allem Zeitungsausschnitte 1918
- 1117 Arbeiter- und Soldatenrat 1918-1919
- 1556 Anträge auf Freigabe des Brief-, Telefon-, Telegramm und Fernsprechverkehrs 1918-1919.

BESTAND ‚FOTOARCHIV'
Mappen
- Mappe 29 Wahlkundgebung auf dem Kieselhumes
- Mappe 44 Streik, Unruhen in Saarbrücken 1934 Nr. 1-10

Einzelaufnahmen vor 1945
- 245 »Volksecho« und »Westland«, separatistische Zeitungen
- 253 »die Bombe«, kommunistische Wahlzeitung im Warndt
- 268 Plakate des Status Quo
- 260 »Die Bombe«
- 273 Vorbeimarsch der Parteifahnen vor dem Führer
- 282 Straßen- und Häuserschmuck in Güdingen 1.3.35
- 283-285 die durch das Ergebnis der Saarabstimmung Enttäuschten ziehen ab.
- 288 Verspottung des antideutschen Wortführers Matz (Max) Braun
- 338 Viktoriaschächte bei Püttlingen
- 343 Kölln mit Aspenschacht
- 558 Gebäude des Reichskommissariats

Glasnegative vor 1939

Ansichtspostkarten

BESTAND ‚FOTOARCHIV MITTELSTAEDT' (NEGATIVE)
- 355 1. März 1935 Dr. Goebbels, GL Bürckel vor dem Rathaus Sbr.
- 361 Gleichschaltung. Festakt im Rathaus 1936.
- 365 Saarbrücken Heimatmuseum Aufnahmen vor 1940 und 1953, 34 Negative
- 523 Saarbrücken 3: Zerstörung der Innenstadt, Bahnhofstraße und Umgebung, 5./6.10.1944, 40 Negative

- 1148 Zerstörtes Lothringen, 18 Negative
- 1380 Dezember, Demo vor dem Bahnhof, Reichsstraße, 7 Negative
- 2051-2059 Abstimmungszeit
- 2068 Bundespräsident Heuss in St. Barbara 20.1.1957, 7 Negative
- 2144 RAD Hilbringen 1935, 29 Negative
- 2145 Maibäume überall 1935
- 2146 1. Mai 1935
- 2257 Die »Pälzer kumme« Bürckel spricht, 1935
- 3355 BDM beim Heuen 1936, 6 Negative
- 3522 Grenze im Warndt 1934, 4 Negative
- 3523 Lungenheilstätte Warndt, Mai 1952, 6 Negative

BESTAND ‚PLAKATSAMMLUNG'

- 65 Heute Nachmittag hat sich hier ein Arbeiter- und Soldatenrat gebildet, 9. Nov. 1918
- 58 Arbeiter- und Soldatenrat der Marine, November 1918
- 59 Arbeiter! Bürger! Soldaten Übt strengste Selbstdisziplin! Nach 9. Nov 1918
- 60 Die Stunde der Freiheit hat geschlagen! Nach 9.11.1918
- 63 An die Bevölkerung und die Soldaten von Saarbrücken, 11.11.1918
- 212 zwei große off Volksversammlungen, Saalbau 12.11.1918, Hg. SPD Saar
- 66 An die Bevölkerung und die Soldaten von Wadgassen, 13.11.1918, Soldatenrat Wadgassen,
- 64 Aufruf zum Schutz gegen Arbeitslosigkeit 16.11.1918, DIN A 2 hoch
- 62 Mitbürger! Soldaten! betr. unberechtigte Beschlagnahmungen 19.11.1918
- 213 Sicherheitsdienst des Arbeiter- und Soldatenrats 22.11.1918
- 46 General Andlauer an die Bevölkerung des Saargebiets wg. Streik, 3.3.1919
- 47 Proklamation betr. Abbruch des Grubenstreiks, 12.04.1919
- 73 Proklamation wg. Belagerungszustand 7.10.1919, Andlauer, DIN A 2 hoch
- 306 An die Bewohner des Saargebiets 26.2.1920 Regierungskommission V. Rault
- 135 An unsere Belegschaft betr. Einstellung des Betriebs, September 1924, Röchlingwerke Völklingen
- 93 Aufruf Deutsche Volksgenossen! Ohne Datum vor 20.3.1945
- 122 Bekanntmachung An die Bevölkerung von Saarbrücken! Betr. Besetzung durch franz. Truppen am 10.7.1945, OB Saarbrücken 9.7.1945
- 1001 Bekanntmachung einer VO der Militärregierung des Saargebietes über Maßnahmen gegen unerlaubte Abwesenheit von den Arbeitsplätzen der Bergverwaltung, 30.7.1945
- 94 dito vom 10.8.1945 hg. Reggierungspräsidium Saar
- 570 bek. Betr. Meldung der zwischen 1939 und 1945 im Kohlenbergbau beschäftigten Männer, vor 14.9.1945
- 170 Öffentliche Frauenversammlung am 24.3.1946 KPD Saarbrücken
- 238 1. Maifeier der Einheitsgewerkschaft 1946 vor 1. Mai
- 246 SPS der Schlüssel zum neuen Staat, wählt Sozialdemokraten (zur Kommunalwahl am 15. Sept. 1946)

Stadtarchiv Saarlouis
BESTAND ‚FOTOSAMMLUNG'

Stadtarchiv St. Ingbert
BESTAND ‚FOTOSAMMLUNG'

Stadtarchiv Völklingen
BESTAND ‚FOTOSAMMLUNG'

Werksarchiv der Dillinger Hütte
BESTAND ‚FOTOSAMMLUNG'

Werksarchiv der Fa. Villeroy & Boch, Merzig
BESTAND ‚FOTOSAMMLUNG'

Zentrales Lichtbildarchiv der Saarbergwerke AG

Sammlung Rudi Strumm, Altenkessel
SOZIALDEMOKRATISCHE DRUCKSCHRIFTEN,
ZEITUNGEN UND ZEITSCHRIFTEN
- Der Gruppenabend. Monatlicher Schulungsbrief der Sozialistischen Arbeiter-Jugend des Saar-
  landes, Herausgeber: Landesjugendvorstand der SAJ, Saarbrücken, Nr. 2, 1953
- Die Arbeit. Organ der Einheitsgewerkschaft der Arbeiter, Angestellten und Beamten, Jg. 1954
- Gaumitteilungs-Blatt des Touristen-Vereins »Die Naturfreunde« / Saargau, Jg. 1924-1930
- Kulturpolitische Rundschau, herausgegeben vom Landesverband Saar für Arbeitersport und Ju-
  gendpflege und Arbeiter-Sänger-Bund Saargebiet, 1934
- Roter Hase, Die Zeitung der Wolfersheimer Jungsozialisten, 1985
- Sozialprisma, Zeitschrift der Arbeiterwohlfahrt, Ausgabe Saarland, 34.-35. Jg., 1989-1990
- Trotzdem, Zeitschrift für junge Sozilaisten, Jg. 1, 1953

FESTSCHRIFTEN
- Festschrift zur Einweihung des Hauses der Arbeiterwohlfahrt in Saarbrücken, 1930
- 10 Jahre Arbeiter-Theater-Verein Elversberg, 1922-1932
- Festschrift aus Anlaß der Einweihung des Falkenheimes in Wellesweiler, 1951
- 70 Jahre Konsumgenossenschaft Saarbrücken, ASKO, 1881-1951
- 50 Jahre SPD Ortsverein Rohrbach 1965
- 50 Jahre Arbeiterwohlfahrt, Landesverband Saar, 1974

- 50 Jahre Arbeiterwohlfahrt, Kreisverband Saarpfalz (früher Kreisverband Homburg) 1978
- 60 Jahre SPD Ortsverein Beeden, 1979
- 60 Jahre Arbeiterwohlfahrt in Dudweiler 1924-1984
- 60 Jahre Arbeiterwohlfahrt St. Arnual, 1924-1984
- 60 Jahre SPD Saarlouis-Roden, 1927-1987
- 70 Jahre SPD Niederlinxweiler, 1919-1989
- 65 Jahre Arbeiterwohlfahrt Saarland und 43 Jahre Ortsverein Malstatt, 1946-1989
- 65 Jahre Arbeiterwohlfahrt Burbach, 1926-1991
- 75 Jahre SPD in Riegelsberg, Eine Chronik, 1993
- 75 Jahre SPD Ortsverein Fischbach-Camphausen, 1993
- 30 Jahre vom Freundeskreis Deutscher Sozialdemokraten zum SPD Europa-Ortsverein Luxemburg, 1964-1994
- 70 Jahre Touristenverein »Die Naturfreunde« Köllerbach, 1994
- 40 Jahre Arbeiterwohlfahrt, Kreisverband Merzig-Wadern 1996
- 75 Jahre »Die Naturfreunde« Sulzbach, 1996
- 40 Jahre Gewerkschaft Holz und Kunststoff im DGB, Bezirksstelle Saarland 1956-1996
- 70 Jahre Arbeiterwohlfahrt Burbach, 1926-1996
- 80 Jahre Sozialdemokraten Dirmingen, 2002
- 50 Jahre SPD Ortsverein Bebelsheim-Wittersheim, 1953-2003
- 80 Jahre SPD Ortsverein Ormesheim, Sozialdemokratie in Ormesheim, 2003
- 85 Jahre SPD Ortsverein Schwarzenholz, 1919-2004
- 80 Jahre SPD Heiligenwald, 2004
- 80 Jahre Arbeiterwohlfahrt Altenwald-Schnappach, 2005
- 85 Jahre Sozialdemokratie im Löstertal, 2005
- 95 Jahre SPD in Hüttigweiler, 2005
- 85 Jahre SPD in Wustweiler, 2006
- Acht Jahrzehnte Arbeit für unser Ommersheim, Kleine Chronik des SPD-Ortsvereins Ommersheim, 2006

MITGLIEDSKARTEN UND -BÜCHER
- Sozialdemokratische Partei Deutschlands, 1925
- Sozialdemokratische Partei Bezirk Saar
- Sozialdemokratische Partei Saar
- Sozialdemokratische Partei des Saarlandes, 1955
- Sozialdemokratische Partei Deutschlands, Bezirk Saar, 1959
- »Naturfreundeheim«, eingetragene Genossenschaft mit beschänkter Haftpflicht (Sitz Saarbrücken) des Touristenvereins »Die Naturfreunde«, Gau Saargebiet, 1925
- Union des Réfugiés Sarrois en France
- Einheitsgewerkschaft der Arbeiter, Angestellten und Beamten, Saarland, 1946
- Arbeiterwohlfahrt für das Saarland, 1948
- Arbeiterwohlfahrt für das Saarland, 1958
- Touristenverein »Die Naturfreunde«, 1965

SONSTIGE SCHRIFTEN

- Werden und Wirken des Sozialistischen Arbeiter-Jugend, Bezirk Obere Rheinprovinz, im Jahre 1929
- Denkschrift über die Entwicklung der sozialistischen Jugend an der Saar 1946-1951 und ihr Verhältnis zur SPS
- Bericht über den ordentlichen Parteitag der Sozialdemokratischen Partei des Saargebietes am 30. Juni 1946 in Saarbrücken
- Bericht über den ordentlichen Parteitag der Sozialdemokratischen Partei des Saargebietes am 15. Juni 1947 in Sulzbach
- Parteistatut der Sozialdemokratischen Partei des Saarlandes
- Ernst KUNKEL, »Für Deutschland – gegen Hitler« Die Sozialdemokratische Partei des Saargebietes im Abstimmungskampf 1933/1935, Herausgeber: Arbeitsgemeinschaft verfolgter Sozialdemokraten im Saarland, Saarbrücken ohne Jahr.
- Die Sozialisierung der Saarindustrie, Stellungnahme der Sozialdemokratuischen Partei zur Frage der Überführung der Saarindustrie in den Besitz des Volkes
- Die Saarfrage. Eine Dokumentensammlung; zweite vermehrte Auflage, herausgegeben vom Landesvorstand der Sozialdemokratischen Partei des Saarlandes, Januar 1954

Literatur zur Arbeiterbewegung an der Saar

Wolfgang ABENDROTH, Einführung in die Geschichte der Arbeiterbewegung, 2. Auflage, Heilbronn 1988.

Marianne ALLES, Peter BACKES (Red.), Werkswohnungen des Preußischen Bergfiskus und der Mines Domaniales Françaises, eine Dokumentation zum Werkswohnungsbau der preußischen und französischen Grubenverwaltung zwischen 1815 und 1935 im Stadtverband Saarbrücken, herausgegeben vom Stadtverband Saarbrücken, Riegelsberg 1985.

Gerhard AMES, »Ein ungeheurer Faktor ist der Bergmann im Kriege ...«, Die Saar-bergleute und der Erste Weltkrieg, in: »Als der Krieg über uns gekommen war ...«, Die Saarregion und der Erste Weltkrieg, Katalog zur Ausstellung des Regionalge-schichtlichen Museums im Saarbrücker Schloss, Saarbrücken 1993, S. 190–205.

Ralf BANKEN, Die Industrialisierung der Saarregion 1815–1913, in Toni PIERENKEMPER (Hg.), Die Industrialisierung europäischer Montanregionen im 19. Jahrhundert, Regionale Industrialisierung, Band 3, Stuttgart 2002, S. 59–102.

Ralf BANKEN, Die Industrialisierung der Saarregion 1815–1914; Band 1: Die Frühindustrialisierung 1815–1850, Regionale Industrialisierung, Band 1, Stuttgart 2000; Band 2: Take-Off-Phase und Hochindustrialisierung 1850–1914, Regionale Industrialisierung, Band 4, Stuttgart 2003.

Peter BAUER, Joachim HEINZ, Barbara KASSING, 120 Jahre SPD in St. Johann, Saarbrücken 1992.

Josef BELLOT, Hundert Jahre politisches Leben an der Saar unter preußischer Herrschaft (1815–1918), Rheinisches Archiv, Band 45, Bonn 1954.

Julius BENTZ, Die Arbeiter-Politik des preußischen Staates als Unternehmer im Steinkohlenbergbau an der Saar, Dissertation, Köln 1922.

Bernhard BESCH (Red.), Festschrift zum 50. Todesjahr von Nikolaus Warken gen. Eckstein, herausgegeben von der Industriegewerkschaft Bergbau und Energie, Ortsgruppe Hasborn-Dautweiler, St. Wendel 1970.

Luitwin BIES, Klassenkampf an der Saar 1919 1935, Die KPD im Saargebiet im Ringen um die soziale und nationale Befreiung des Volkes, Frankfurt am Main 1978.
Luitwin BIES, Widerstand an der Grenze, Deux côtés d'une frontière, Saarländer und Lothringer gegen den Faschismus 1933–1935, Peter-Imandt-Gesellschaft e.V., Saarbrücken 2002.

Eduard BERSTEIN, Ferdinand Lassalle und seine Bedeutung für die Arbeiterklasse, Zu seinem 40. Todestage, Berlin 1904.
Eduard BERSTEIN, Die Geschichte der Berliner Arbeiterbewegung, illustriert mit Bildern und Dokumenten aus der Zeit, 3 Bände, Berlin 1907–1910.

Dieter BETTINGER (Bearb.), Johann Anton Joseph Hansen 1801–1875, revolutionärer Geist im Priesterkleid? Dokumentation zu Leben und Werk eines außergewöhnlichen Menschen, Schriften des Stadtmuseums Ottweiler, Band 6, Ottweiler 2001.

Dieter Robert BETTINGER, Johann Anton Joseph Hansen – Aus dem Leben eines außergewöhnlichen Menschen, in: Dechant Johann Anton Joseph Hansen (1801–1875), Ottweiler; Priester, Reformer, Historiker und Publizist, Dokumentation einer Vortragsreihe des Vereins »Stadtgeschichtliches Museum Ottweiler e.V.« aus Anlass des 200. Geburtstages einer außergewöhnlichen Persönlichkeit, Stiftung Demokratie Saarland, Dialog Nr. 10, Saarbrücken 2003, S. 9–23.

Wilhelm BORN, Die wirtschaftliche Entwicklung der Saar-Großeisenindustrie seit der Mitte des 19. Jahrhunderts, Berlin 1919.

Ulrich BORSDORF, Hans O. HEMMER, Martin MARTINY, Grundlagen der Einheitsgewerkschaft. Historische Texte und Materialien, Köln / Frankfurt am Main 1977 [SDS F00009]

Alexander von BRANDT, Zur sozialen Entwicklung im Saargebiet, Leipzig 1904.

Gerhard BUNGERT, Klaus-Michael MALLMANN, Eckstein ist Trumpf, Ein Volksstück über die Anfänge der Gewerkschaften an der Saar, Saarbrücken 1979.

Gerhard BUNGERT, Klaus-Michael MALLMANN, Gerd SCHUSTER, Der Weg zur Einheit, Stationen der Bergarbeiterbewegung an der Saar, herausgegeben von der Industriegewerkschaft Bergbau und Energie, Bezirk Saar, Bochum 1981.

Paul BURGARD, Ludwig LINSMAYER, Der Saarstaat, L'Etat Sarrois, Bilder einer vergangenen Welt, Images d'un monde passé, Echolot, Historische Beiträge des Landesarchivs Saarbrücken, Band 2, Saarbrücken 2005.

Wilfried BUSEMANN, Kleine Geschichte der saarländischen Gewerkschaften nach 1945, im Auftrag der Arbeitskammer des Saarlandes, Saarbrücken 2005.

Wilfried BUSEMANN, Geschichte der saarländischen Gewerkschaften (Teil 1–5), in: Arbeitnehmer, Zeitschrift der Arbeitskammer des Saarlandes, 53. Jg., 2005, Heft 2–6.

Winfried DIETZ, In alten Zeitschriften geblättert, das »Sozialistengesetz« an der Saar aus dem Jahre 1877, in: Heimatblätter für Heiligenwald, Landsweiler-Reden, Schiffweiler und Stennweiler, 2002, S. 22–35.
Winfried DIETZ, Joachim HEINZ, 50 Jahre im Dienst der saarländischen Arbeitnehmer/innen 1951–2001, herausgegeben von der Arbeitskammer des Saarlandes, Saarbrücken 2001.

Edwin DILLMANN und Richard van DÜLMEN (Hgg.), Lebenserfahrungen an der Saar. Studien zur Alltagskultur 1945–1995, Saarland-Bibliothek, Band 12, St. Ingbert 1996.

Georg DROEGE (Hg.), Beiträge zur geschichtlichen und wirtschaftlichen Entwicklung des Industriegebietes an der mittleren Saar, Bonn 1956.

Richard van DÜLMEN (Hg.), Industriekultur an der Saar, Leben und Arbeit in einer Industrieregion 1840–1914, München 1989.

126

Richard van DÜLMEN und Reinhard KLIMMT (Hgg.), Saarländische Geschichte. Eine Anthologie, Saarland-Bibliothek, Band 10, St. Ingbert 1995.

Michael EBENAU, Freiheit für das Volk, Dokumente zur Geschichte der Arbeiterbewegung in Neunkirchen 1848–1961, herausgegeben von der Industriegewerkschaft Metall, Verwaltungsstelle Neunkirchen, Neunkirchen 1990.

Max EICHHORST, Die Lage der Bergarbeiter im Saargebiet, Eisleben 1901.

Walther EUCHNER, Helga GREBING, Geschichte der Sozialen Ideen in Deutschland: Sozialismus, katholische Soziallehre, protestantische Sozialethik, ein Handbuch, Essen 2000.

Klaus FEHN, Das Saarländische Arbeiterbauerntum im 19. und 20. Jahrhundert, in: Hermann KELLENBENZ (Hg.), Agrarisches Nebengewerbe und Formen der Reagrarisierung im Spätmittelalter und 19./20. Jahrhundert, Stuttgart 1975, S. 195–214.

Klaus FEHN, Räumliche Bevölkerungsbewegung im saarländischen Bergbau- und Industriegebiet während des 19. und frühen 20. Jahrhunderts, in: Mitteilungen der Geographischen Gesellschaft in München, Band 59, 1974, S. 57–73.

Klaus FEHN, Ansätze zur Erforschung der Bevölkerungs- und Sozialgeschichte des saarländischen Bergbau- und Industriegebietes im 19. und frühen 20. Jahrhundert, in: Jahrbuch für westdeutsche Landesgeschichte, 3. Jg., 1977, S. 419–440.

Klaus FEHN, Die Prämienhauskolonien im saarländischen Bergbaurevier. Vorgeschichte, Entstehung und Entwicklung bis 1870, München 1980 (vgl. dazu Klaus FEHN, Die Prämienhauskolonien im saarländischen Bergbaurevier. Vorgeschichte, Entstehung und Entwicklung bis 1870, in: Rhein-Neckar-Raum an der Schwelle des Industriezeitalters, herausgegeben vom Institut für Landeskunde und Regionalforschung der Universität Mannheim, Mannheim 1984, S. 187–198).

Klaus FEHN, Preußische Siedlungspolitik im saarländischen Bergbaurevier (1816–1919), Veröffentlichungen des Instituts für Landeskunde im Saarland, Band 31, Saarbrücken 1981.

Gert FISCHER, Wirtschaftliche Strukturen am Vorabend der Industrialisierung, Der Regierungsbezirk Trier 1820–1850, Köln/Wien 1990.

Armin FLENDER, Öffentliche Erinnerungskultur im Saarland nach dem Zweiten Weltkrieg, Baden-Baden 1998.

Dieter FRICKE und Hubert GOTTWALD, Katholische Arbeitervereine (KA) 1881–1927, in: Die bürgerlichen Parteien in Deutschland. Handbuch der Geschichte der bürgerlichen Parteien und anderer bürgerlicher Interessenorganisationen vom Vormärz bis zum Jahre 1924, Band 2, Leipzig 1970, S. 255–277.

Friedrichsthal, Bildstock, Maybach, Bilder und Dokumente zur Geschichte der Stadt, herausgegeben im Selbstverlag von Heimat- und Verkehrsverein Friedrichsthal-Bildstock e.V., Friedrichsthal 1975.

Karl Alfred GABEL, Kämpfe und Werden der Hüttenarbeiterorganisationen im Saargebiet, Saarbrücken 1921.

Ulrike GEIS, Hans-Jürgen ENZWEILER, Peter BIERBRAUER, Die Sozialpolitik an der Saar im 19. Jahrhundert, Fiskalischer Bergbau, Stumm, Villeroy & Boch, in: Zeitschrift für die Geschichte der Saargegend, 26. Jg., 1978, S. 79–117.

Helga GREBING, Geschichte der deutschen Arbeiterbewegung, München 1974.

Hans-Werner HAHN, Johann Philipp Becker, Radikaldemokrat – Revolutionsgeneral, Pionier der Arbeiterbewegung, Schriften der Siebenpfeiffer-Stiftung, Band 5, Stuttgart 1999.

Karl HANDFEST (Verf.), Peter RIEDE (Red.), Fritz Dobisch, ein Leben für die Arbeiterbewegung; die »Saarländische Gewerkschaftszeitung« (1933–1935), eine scharfe Waffe gegen Hitler, herausgegeben vom Deutschen Gewerkschaftsbund, Landesbezirk Saar, Saarbrücken 1985.

Jürgen HANNIG (Hg.), Die Saarregion, Zeugnisse ihrer Geschichte, Quellenleseheft zur Regionalgeschichte, Frankfurt am Main 1995.

Jürgen HANNIG, Spurensuche: Nationalsozialistische Gewaltherrschaft an der Saar, Saarländische Beiträge zur pädagogischen Praxis, Heft 1, Landesinstitut für Pädagogik und Medien, Saarbrücken-Dudweiler ohne Jahr [1988/1989].

Jürgen HANNIG, Erinnern für die Zukunft: Johanna Kirchner, Josef Wagner, Willi Graf, Saarländische Beiträge zur pädagogischen Praxis, Heft 2, Landesinstitut für Pädagogik und Medien, Saarbrücken-Dudweiler 1989.

Armin HEINEN, Saarjahre, Politik und Wirtschaft im Saarland 1945–1955, Historische Mitteilungen, Beiheft 19, Stuttgart 1996.

Joachim HEINZ, Arbeiter und Arbeiterbewegung an der Saar 1933–1935, Hausarbeit zur akademischen Abschlussprüfung (Magisterprüfung), Saarbrücken 1988.

Joachim HEINZ, »Die Hunde der Herren führen ein schöneres Leben als ihr«. Hans Böcklers gewerkschaftliche Tätigkeit an der Saar 1903–1907, Kommentierte und bebilderte Repro-Ausgabe der Böcklerschen Werbeschrift »Es werde Licht!« aus dem Jahr 1906, Geschichtswerkstatt St. Ingbert, St. Ingbert 1992.

Joachim HEINZ, »Der Arbeiter ist beinahe vogelfrei«, Zur Geschichte der ÖTV Saar im 20. Jahrhundert, Von den Anfängen bis zur Neustrukturierung im Dienstleistungsbereich, herausgegeben von der Gewerkschaft Öffentliche Dienste, Transport und Verkehr, Bezirk Saar, Merzig/Saar 1999.

Joachim HEINZ, Zum Abstimmungskampf an der Saar 1933–1935, in: Zeitschrift für die Geschichte der Saargegend, 38./39 Jg., 1990/1991, S. 118–147.

Joachim HEINZ, Nikolaus Osterroth (1875–1933): Bergarbeiter, Gewerkschafter und Politiker im Saarrevier, an der Ruhr und in Schlesien), in: Bergmannskalender, Saarbrücken 2003, S. 169–184.

Joachim HEINZ, Paul GERHARD, Max Braun. Ein früher Europäer, Festschrift der SPD Saar zum 100. Geburtstag, Schriftenreihe 4/92, Saarbrücken 1992.

Joachim HEINZ, Auch die Saar-Barbarenmacht donnernd noch zusammenkracht, Saarabien vor Gericht: ein politischer Prozess im Saarrevier 1904, in: Arbeitnehmer, Zeitschrift der Arbeitskammer des Saarlandes, 42. Jg., 1994, S. 244-245. [betr.: Prozess Ewald Hilger gegen Karl Krämer 1904/05]

Rudolf HERBIG, Notizen aus der Sozial- Wirtschafts- und Gewerkschaftsgeschichte vom 14. Jahrhundert bis zur Gegenwart, herausgegeben vom Bundesvorstand des Deutschen Gewerkschaftsbundes, Bremerhaven 61978.

Hans-Christian HERRMANN, Sozialer Besitzstand und gescheiterte Sozialpartnerschaft, Sozialpolitik und Gewerkschaften im Saarland 1945 bis 1955, Veröffentlichungen der Kommission für saarländische Landesgeschichte und Volksforschung ; Band 28, Saarbrücken 1996.

Hans-Walter HERRMANN (Hg.), Das Saarrevier zwischen Reichsgründung und Kriegsende (1871–1918). Referate eines Kolloquiums in Dillingen am 29./30. September 1988, Veröffentlichungen der Kommission für saarländische Landesgeschichte und Volksforschung, Band 18, Saarbrücken 1991.

Hans-Walter HERRMANN u. a., Das Saarland. Politische, wirtschaftliche und kulturelle Entwicklung, Hg. Landeszentrale für politische Bildung, Saarbrücken 1989.

Claudia HIEPEL, Mark RUFF (Hg.), Christliche Arbeiterbewegung in Europa 1850–1950, Beiträge zur Zeitgeschichte, Band 30, Stuttgart 2003.

Hans-Joachim HOFFMANN, Johann Anton Joseph Hansen ... revolutionärer Geist im Priesterkleid? Hansen als Wirtschafts- und Sozialpolitiker vor dem Hintergrund der Industrialisierung unserer Region im 19. Jahrhundert, in: Dechant Johann Anton Joseph Hansen (1801–1875), Ottweiler; Priester, Reformer, Historiker und Publizist, Dokumentation einer Vortragsreihe des Vereins »Stadtgeschichtliches Museum Ottweiler e.V.« aus Anlass des 200. Geburtstages einer außergewöhnlichen Persönlichkeit, Stiftung Demokratie Saarland, Dialog Nr. 10, Saarbrücken 2003, S. 75–159.

Hans HORCH, Der Wandel der Gesellschafts- und Herrschaftsstrukturen in der Saarregion während der Industrialisierung (1740–1914), St. Ingbert 1985.

Rainer HUDEMANN (Hg.), Wilfried BUSEMANN (Bearb.), Geschichte der Gewerkschaften im Saarland seit 1945. Erschließung der Materialien, Manuskript Saarbrücken 2001.

Rainer HUDEMANN, Burkhard JELLONNEK, Bernd RAULS unter Mitarbeit von Marcus HAHN (Hg.), Grenz-Fall, Das Saarland zwischen Frankreich und Deutschland 1945–1960, Schriftenreihe der Stiftung Demokratie Saarland: Geschichte, Politik und Gesellschaft, Band 1, Saarbrücken 1997.

Rainer HUDEMANN, Raymond POIDEVIN unter Mitarbeit von Annette MAAS (Hg.), Die Saar 1945–1955, Ein Problem der europäischen Geschichte, La Sarre 1945–1955, Un problème de l'histoire européenne, München 1992, 1995.

Heinrich IMBUSCH, Die Saar-Bergarbeiterbewegung 1912/13, im Auftrag des Vorstandes des Gewerkvereins Christlicher Bergarbeiter Deutschlands, Köln 1913.

Fritz JACOBY, Die nationalsozialistische Herrschaftsübernahme an der Saar, Saarbrücken 1973.

Wolfgang JÄGER, Klaus TENFELDE, Bildgeschichte der deutschen Bergarbeiterbewegung, Bergbau und Bergarbeit, München 1989.

Reiner JÜNGST, Stein auf Stein. Zur Geschichte des Rechtsschutzsaales Bildstock, herausgegeben von der Arbeitskammer des Saarlandes und dem Stadtverband Saarbrücken aus Anlass der Jubiläumsveranstaltungen »100 Jahre Rechtsschutzverein – 100 Jahre IG Bergbau und Energie« vom 10. bis 15. Mai 1989 in Bildstock unter dem Motto »Freiheit, Brot, Gerechtigkeit«, Saarbrücken 1989.

Jürgen KARBACH, Bevölkerungszahlen des Saarlandes 1800–1919, in: Zeitschrift für die Geschichte der Saargegend, 34./35. Jg., 1986/1987, S. 186–275.

Jürgen KARBACH und Paul THOMES (Hg.), Die wirtschaftliche und soziale Entwicklung des Saarlandes (1792–1918), Geschichtliche Landeskunde des Saarlandes, Band 3,2, Historischer Verein für die Saargegend e.V., Saarbrücken 1994.

Peter KIEFER, Die Organisationsbestrebungen der Saarbergleute, ihre Ursachen und Wirkungen auf dem Bereich des Saarbrücker Bergbaues und ihre Berechtigung, Dissertation, Straßburg 1912.
Peter KIEFER, 25 Jahre Gewerkverein christlicher Bergarbeiter im Saarrevier, Saarbrücken 1929.

Werner KLÄR, Martin RIED, Helga STRUPAT, »Freiheit, Brot, Gerechtigkeit«, Bergarbeiterleben im 19. Jahrhundert, Katalog zur Ausstellung im Rahmen des Jubiläums ‚100 Jahre Rechtsschutzverein', herausgegeben vom Arbeitskreis ‚Geschichtliche Entwicklung Friedrichsthals' an der Volkshochschule des Stadtverbandes Saarbrücken, Saarbrücken 1989.

Erich KLAES, Die Entwicklung der Arbeitsverhältnisse im Saargebiet, Heidelberg 1924.

Ernst KLEIN, Der Staat als Unternehmer im saarländischen Steinkohlenbergbau (1750–1850), in: Vierteljahrsschrift für Sozial- und Wirtschaftsgeschichte, Band 57, 1970, S. 323–349.

Ernst KLEIN, Bergfiskus und Kirche an der Saar im 19. Jahrhundert, in: Zeitschrift für die Geschichte der Saargegend, 23./24. Jg., 1975/1976, S. 157–193.

Ernst KLEIN, Organisation und Funktion der preußischen Bergbehörden an der Saar (1815–1920), in Zeitschrift für die Geschichte der Saargegend, 33. Jg., 1985, S. 61–112.

Ernst KLEIN, Die Saarlande im Zeitalter der Industrialisierung, in: Zeitschrift für die Geschichte der Saargegend, 29. Jg., 1981, S. 93–121.

Johann KLEIN, Die Fusion der Christlichen Gewerkschaften mit dem Deutschen Gewerkschaftsbund, Saarbrücken 1973.

Johann KLEIN, Die geschichtliche Entwicklung der Knappschaftsversicherung, Von den Anfängen bis zum Jahre 1918 unter Berücksichtigung der allgemeinen Arbeiterversicherung, Schriftenreihe der Christlichen Gewerkschaft Saar, Saarbrücken ohne Jahr

Hanns KLEIN, Das Bliesrevier unter dem Preußenadler, Zur Behörden- und Lokalgeschichte des Bliesreviers (1815–1920), Ansichten und Einsichten, Saarbrücken 2001.

Hans Arthur KLEIN (Red.), Jubiläumsfeier anlässlich der Einweihung des Eckstein-Denkmals in Hasborn vom 10. bis 13. August 1989, herausgegeben von der Industriegewerkschaft Bergbau und Energie, Ortsgruppe Hasborn-Dautweiler und der Arbeitskammer des Saarlandes, Tholey-Hasborn-Dautweiler 1989.

Johann KLEIN, Die geschichtliche Entwicklung Knappschaftsversicherung, 1. Teil: Von den Anfängen bis zum Jahre 1918 unter Berücksichtigung der allgemeinen Arbeiterversicherung, Schriftenreihe der christlichen Gewerkschaften, Folge 3, ohne Ort und Jahr.

Arno KLÖNNE, Die deutsche Arbeiterbewegung, Geschichte – Ziele – Wirkungen, München 1989.

Wolfgang KÖLLMANN, Albin GLADEN, Der Bergarbeiterstreik von 1889 und die Gründung des »Alten Verbandes« in ausgewählten Dokumenten der Zeit, Bochum 1969.

Kurt KOSZYK, Die sozialdemokratische Arbeiterbewegung 1890–1914, in: Jürgen REULECKE (Hg.), Arbeiterbewegung in Rheinland-Westfalen, Wuppertal 1974, S. 149–172.

Hermann KOTTHOFF, Peter OCHS, Mitbestimmung an der Saar, Sozialgeschichte der Mitbestimmung in den Saarhütten und im Saarbergbau, Köln 1988.

Hans-Werner KRICK, Wohnungsbauförderung durch die Steinkohlen-Bergbauunternehmen an der Saar, in: Dechant Johann Anton Joseph Hansen (1801–1875), Ottweiler; Priester, Reformer, Historiker und Publizist, Dokumentation einer Vortragsreihe des Vereins »Stadtgeschichtliches Museum Ottweiler e.V.« aus Anlass des 200. Geburtstages einer außergewöhnlichen Persönlichkeit, Stiftung Demokratie Saarland, Dialog Nr. 10, Saarbrücken 2003, S. 57–73.

Hans-Werner KRICK (Hg.), Grubenstandort Saarpfalz, das übersehene Revier, Beiträge zur Regionalgeschichte, Sonderheft, St. Ingbert 1995

Hans-Joachim KÜHN, Arbeiterbewegung und Sozialdemokratie im mittleren Köllertal, in: 75 Jahre SPD-Ortsverein Köllerbach, Festschrift, Köllerbach 1994, S. 17–40, 83–96 und 115–117.

Lieselotte KUGLER (Hg.), »Von der 'Stunde Null' zum 'Tag X'«. Das Saarland 1945–1959, Katalog zur Ausstellung des Regionalgeschichtlichen Museums im Saarbrücker Schloss, Saarbrücken 1990.

Lieselotte KUGLER (Hg.), »Als der Krieg über uns gekommen war ...« Die Saarregion und der Erste Weltkrieg, Katalog zur Ausstellung des Regionalgeschichtlichen Museums im Saarbrücker Schloss, Saarbrücken 1993.

Lieselotte KUGLER (Hg.), Grenzenlos. Lebenswelten in der deutsch-französischen Region an Saar und Mosel seit 1840, Katalog zur Ausstellung, Saarbrücken 1998, S. 208–231.

Bärbel KUHN, Die Kehr-Seite der Geschichte, Frauenalltag im Saarland im 20. Jahrhundert, in: Hermann HEIDRICH (Hg.), Biografieforschung, Bad Winsheim 1991, S. 151–167.

Bärbel KUHN, Haus – Frauen – Arbeit 1915–1965, Erinnerungen aus fünfzig Jahren Haushaltsgeschichte, St. Ingbert 1994.

Ernst KUNKEL, »Für Deutschland – gegen Hitler« Die Sozialdemokratische Partei des Saargebietes im Abstimmungskampf 1933/1935, Herausgeber: Arbeitsgemeinschaft verfolgter Sozialdemokraten im Saarland, Saarbrücken ohne Jahr.

Eva LABOUVIE (Hg.), Frauenleben – Frauen leben. Zur Geschichte und Gegenwart weiblicher Lebenswelten im Saarraum (17.–20. Jahrhundert, Saarland-Bibliothek, Band 6, St. Ingbert 1993.
Eva LABOUVIE, Saarländische Geschichte. Ein Quellenlesebuch, Saarland-Bibliothek, Band 15, Blieskastel 2001.

Wolfgang LAUFER, Bevölkerungs- und siedlungsgeschichtliche Aspekte der Industrialisierung an der Saar, in: Zeitschrift für die Geschichte der Saargegend, 29. Jg., 1981, S. 122–164.

Wolfgang LAUFER, Verzeichnis des Bestandes Sammlung Handfest zur Geschichte der Arbeiterbewegung, Veröffentlichungen aus rheinland-pfälzischen und saarländischen Archiven, Kleine Reihe, Band 13, Erscheinungsort 1978.

Ludwig LINSMAYER, Politische Kultur im Saargebiet 1920–1932, Symbolische Politik, verhinderte Demokratisierung, nationalisiertes Kulturleben in einer abgetrennten Region, Saarland-Bibliothek, Band 2, St. Ingbert 1992.

Ludwig LINSMAYER (Hg.), Der 13. Januar, Die Saar im Brennpunkt der Geschichte. Echolot, Historische Beiträge des Landesarchivs Saarbrücken, Band 1, Saarbrücken 2005.

Helmut LÖWENBRÜCK, Die hundertjährige Geschichte in Wort und Bild der Saarwellinger Gewerkschaftsbewegung, Festschrift zum 100jährigen Bestehen der Bergarbeitergewerkschaft in Saarwellingen, herausgegeben von der Industriegewerkschaft Bergbau und Energie, Ortsgruppe Saarwellingen, Saarwellingen 1989.

Klaus-Michael MALLMANN, Die Anfänge der Sozialdemokratie im Saarrevier, in: Zeitschrift für die Geschichte der Saargegend, 28. Jg., 1980, S. 128–148.

Klaus-Michael MALLMANN, Die Anfänge der Arbeiterbewegung an der Saar (1848–1904), Veröffentlichungen der Kommission für saarländische Landesgeschichte und Volksforschung, Band 12, Saarbrücken 1981.

Klaus-Michael MALLMANN, »Einer für alle, alle für einen«? Die große Streikzeit 1889–1893, in: Gerhard BUNGERT, Klaus-Michael MALLMANN, Gerd SCHUSTER, Der Weg zur Einheit, Stationen der Bergarbeiterbewegung an der Saar, Bochum 1981, S. 5–17.

Klaus-Michael MALLMANN, Volksfrömmigkeit, Proletarisierung und preußischer Obrigkeitsstaat, Sozialgeschichtliche Aspekte des Kulturkampfes im Saarrevier, in: Soziale Frage und Kirche im Saarrevier, Beiträge zu Sozialpolitik und Katholizismus im späten 19. und frühen 20. Jahrhundert, Saarbrücken 1984, S. 183–232.

Klaus-Michael MALLMANN, »Aus des Tages Last machen sie ein Kreuz des Herrn ...«? Bergarbeiter, Religion und sozialer Protest im Saarrevier des 19. Jahrhunderts, in Wolfgang SCHIEDER (Hg.), Volksreligiosität in der modernen Sozialgeschichte, Göttingen 1986, S. 152–184.

Klaus-Michael MALLMANN, Julius Schwarz, in: Peter NEUMANN (Hg.), Saarländische Lebensbilder, Band 4, Saarbrücken 1989, S. 191–221.

Klaus-Michael MALLMANN und Gerhard PAUL, Widerstand und Verweigerung im Saarland 1935–1945, herausgegeben von Hans-Walter HERRMANN, Band 1: Das zersplitterte Nein, Saarländer gegen Hitler, Band 1, Bonn 1989; Band 2: Herrschaft und Alltag. Ein Industrierevier im Dritten Reich, Bonn 1991; Band 3: Milieus und Widerstand. Eine Verhaltensgeschichte der Gesellschaft im Nationalsozialismus, Bonn 1995.

Klaus-Michael MALLMANN, Ultramontanismus und Arbeiterbewegung im Kaiserreich, Überlegungen am Beispiel des Saarreviers, in: Wilfried LOTH (Hg.), Deutscher Katholizismus im Umbruch der Moderne, Stuttgart/Berlin/Köln 1991, S. 76–94.

Klaus-Michael MALLMANN, Klassenkampf fürs Vaterland (der Bergarbeiterstreik 1923), in: Klaus-Michael MALLMANN, Gerhard PAUL, Ralph SCHOCK, Reinhard KLIMMT, Richtig daheim waren wir nie. Entdeckungsreisen ins Saarrevier 1815–1955, Bonn 1995, S. 103–108.

Klaus-Michael MALLMANN, Erfahrungsräume und Deutungswelten – Klassenbildung, Fragmentierung und Bergarbeiterbewegung in Deutschland 1871–1914, in: Klaus TENFELDE (Hg.), Sozialgeschichte des Bergbaus im 19. und 20. Jahrhundert, Beiträge des Internationalen Kongresses zur Bergbaugeschichte, Bochum, 3. – 7. September 1989, München 1992, S. 593–608.

Klaus-Michael MALLMANN, Horst STEFFENS, Lohn der Mühen, Geschichte der Bergarbeiter an der Saar, München 1989.

Klaus-Michael MALLMANN, Gerhard PAUL, Ralph SCHOCK, Reinhard KLIMMT, Richtig daheim waren wir nie. Entdeckungsreisen ins Saarrevier 1815–1955, Bonn 1995.

Erich MATTHIAS, Klaus SCHÖNHOVEN, Solidarität und Menschenwürde, Etappen der deutschen Gewerkschaftsgeschichte von den Anfängen bis zur Gegenwart, Bonn 1984.

Thomas MEYER, Susanne MILLER, Joachim ROHLFES (Hg.), Geschichte der deutschen Arbeiterbewegung: Darstellung, Chronologien, Dokumente, Lern- und Arbeitsbuch, Teil 2: Texte und Materialien, Schriftenreihe der Bundeszentrale für politische Bildung, Bd. 207, Bonn 1984. [SDS T 00043]

Dieter MUSKALLA, NS-Politik an der Saar unter Josef Bürckel. Gleichschaltung – Neuordnung – Verwaltung, Veröffentlichungen der Kommission für saarländische Landesgeschichte und Volksforschung, Band 25, Saarbrücken 1995.

Kurt PAULI, Der Arbeiterbauer, Untersuchung des Wandels in der Betriebs- und Lebensform, Würzburg 1939.

Hans PELGER, Zur sozialdemokratischen Bewegung in der Rheinprovinz vor dem Sozialistengesetz, in: Archiv für Sozialgeschichte, herausgegeben von der Friedrich-Ebert-Stiftung, V. Band, Hannover 1965, S. 377–406.

Detlev J. PEUKERT, Frank BAJOHR, Spuren des Widerstands, Die Bergarbeiterbewegung im Dritten Reich und im Exil, München 1987.

Francois ROTH, Soziale Konflikte als Nationalitätenproblem 1871–1935, in: S. 257–274.

Karl Heinz ROTH, Die »andere« Arbeiterbewegung und die Entwicklung der kapitalistischen Repression von 1880 bis zur Gegenwart; ein Beitrag zum Neuverständnis der Klassengeschichte in Deutschland, 2. Auflage, München 1976.

Gerhard A. RITTER, Staat, Arbeiterschaft und Arbeiterbewegung in Deutschland, Vom Vormärz bis zum Ende der Weimarer Republik, Bonn 1980.

Peter von RÜDEN und Kurt KOSZYK (Hgg.) Dokumente und Materialien zur Kulturgeschichte der deutschen Arbeiterbewegung 1848–1918, Frankfurt/Wien/Zürich 1979.

Michael SANDER, Gewerkschaftsbewegung im Montanrevier. Arbeiter und ihre Organisation an der Saar, in: Hans-Walter HERRMANN (Hg.), Das Saarrevier zwischen Reichsgründung und Kriegsende (1871–1918). Referate eines Kolloquiums in Dillingen am 29./30. September 1988, Veröffentlichungen der Kommission für saarländische Landesgeschichte und Volksforschung, Band 18, Saarbrücken 1991, S. 40–56.

Michael SANDER, Zur Sozialgeschichte der Bergarbeiterschaft im 19. Jahrhundert beiderseits der Grenze, in: Les Cahiers Lorrains, Revue trimestrielle de recherches régionales, 2002, S. 141–157.

Michael SANDER, Zwischen Kirche, Streik und Zentrum, Der Gewerkverein christlicher Bergarbeiter im Krisenjahr 1912, in: Klaus-Michael MALLMANN, Gerhard PAUL, Ralph SCHOCK, Reinhard KLIMMT, Richtig daheim waren wir nie. Entdeckungsreisen ins Saarrevier 1815–1955, Bonn 1995, S. 87–90.

134

Ralph SCHOCK (Hg.), Hier spricht die Saar, Ein Land wird interviewt, Drei Reportagen von Philippe Soupault, Theodor Balk und Ilya Ehrenburg, Blieskastel 2005.

Klaus SCHÖNHOFEN, Arbeiterbewegung und soziale Demokratie in Deutschland, Ausgewählte Beiträge, Politik- und Gesellschaftsgeschichte, Band 59, Bonn 2002.

Robert Heinz SCHMIDT, Saarpolitik 1945–1957, Band 1–3, Berlin 1959–1962.

Johannes SCHMITT (Hg.), Restauration und Revolution. Die Saarregion zwischen 1815 und 1850, Quellen und Materialien zur saarländischen Geschichte, Band 3, Saarbrücken 1990.

Johannes SCHMITT, Von der Agrargemeinde zum Pauperismus, Zur Krise der ländlichen Gesellschaft der Nordsaarregion in der ersten Hälfte des 19. Jahrhunderts, in: Gerhard HECKMANN (Hg.), Das ganze Deutschland sollt es sein, Politische Kultur in St. Wendel und der Saarregion 1830–1850, Veröffentlichungen des Adolf-Bender-Zentrums e.V., Verein zur Förderung demokratischer Traditionen, Band 3, St. Wendel 1992, S. 51–102.

Michael SCHNEIDER, Die christlichen Gewerkschaften 1894–1933, Habilitationsschrift, Bonn 1982.

Michael SCHNEIDER, Kleine Geschichte der Gewerkschaften, Ihre Entwicklung in Deutschland von den Anfängen bis heute, Bonn 1989.

Julius SCHWARZ, Das Saargebiet, sein Bergbau und seine Sozialpolitik, Kämpfe der Bergarbeiter und des Verbandes der Bergarbeiter, Saarbrücken 1926.

Ralph SCHOCK, Johann Anton Joseph Hansen, in: Peter NEUMANN (Hg.), Saarländische Lebensbilder, Band 2, Saarbrücken 1984, S. 161–184.

Albert SCHORR, Zur Soziologie des Industriearbeiters an der Saar, Völklingen ohne Jahr (1930).

Wolfgang SCHRÖDER und Peter HAFERSTROH, Verband der deutschen Gewerkvereine (Hirsch-Duncker) (VDG) 1869–1933, in: Die bürgerlichen Parteien in Deutschland. Handbuch der Geschichte der bürgerlichen Parteien und anderer bürgerlicher Interessenorganisationen vom Vormärz bis zum Jahre 1924, Band 2, Leipzig 1970, S. 684–710.

Eberhard SCHRÖN, Gesamtverband der christlichen Gewerkschaften Deutschlands (GCG) 1901–1933, in: Die bürgerlichen Parteien in Deutschland. Handbuch der Geschichte der bürgerlichen Parteien und anderer bürgerlicher Interessenorganisationen vom Vormärz bis zum Jahre 1924, Band 2, Leipzig 1970, S. 113–149.

Horst STEFFENS, Arbeiterwohnverhältnisse und Arbeitskampf, Das Beispiel der Saarbergleute in der großen Streikzeit 1889–1893, in: Klaus TENFELDE, Heinrich VOLKMANN (Hg.), Streik, Zur Geschichte des Arbeitskampfes in Deutschland während der Industrialisierung, München 1981, S. 124–142.

Horst STEFFENS, Arbeitstag, Arbeitszumutungen und Widerstand, Bergmännische Arbeitserfahrungen an der Saar in der zweiten Hälfte des 19. Jahrhunderts, in: Archiv für Sozialgeschichte, Band 21, 1981, S. 1–54.

Horst STEFFENS, Autorität und Revolte, Alltagsleben und Streikverhalten der Bergarbeiter an der Saar im 19. Jahrhundert, Weingarten 1987.

Horst STEFFENS, Eine für alle, alle für einen? Bergarbeiterfamilien in der 2. Hälfte des 19. Jahrhunderts, in: Toni PIERENKEMPER (Hg.), Haushalt und Verbrauch in historischer Perspektive, zum Wandel des privaten Verbrauchs in Deutschland im 19. und 20. Jahrhundert, St. Katharinen 1987, S. 187–226.

Horst STEFFENS, »Eher hätte man des Himmels Einsturz erwartet ...«, Die große Streikzeit 1889–1893, in: Klaus-Michael MALLMANN, Gerhard PAUL, Ralph SCHOCK, Reinhard KLIMMT, Richtig daheim waren wir nie. Entdeckungsreisen ins Saarrevier 1815–1955, Bonn 1995, S. 71–77.

Hans-Josef STEINBERG, Die Entwicklung des Verhältnisses von Gewerkschaften und Sozialdemokratie bis zum Ausbruch des Ersten Weltkriegs, in Heinz Oskar VETTER (Hg.), Vom Sozialistengesetz zur Mitbestimmung, Zum 100. Todestag von H. Böckler, Köln 1975, S. 121–134.

Hans-Josef STEINBERG, Sozialismus und die deutsche Sozialdemokratie nach dem Fall des Sozialistengesetzes, Ideologie der Partei vor dem 1. Weltkrieg, 5. Auflage, Berlin/Bonn 1979.

Emil STRAUS, Die gesellschaftliche Gliederung des Saargebiets, Eine soziographische Beschreibung, Würzburg 1935.

Rudi STRUMM, Daten und Fakten zur Organisationsgeschichte der SPD Saar, Saarbrücken 1998.

Hubert THOMA, Georg Friedrich Dasbach, Priester, Publizist, Politiker, Trier 1975.

Paul THOMES, Die Sozialpolitik des preußischen Bergfiskus an der Saar, in: Klaus TENFELDE (Hg.), Sozialgeschichte des Bergbaus im 19. und 20. Jahrhundert, München 1992, S. 1083–1101.

Um die Zukunft des Saararbeiters! Arbeit, Brot, Soziale Fürsorge, Sozialer Schutz, Selbsthilfe, Behausung, Mittelbexbach ohne Jahr [um 1934].

Wolfgang UELLENBERG-VAN DAWEN, Gewerkschaften in Deutschland von 1848 bis heute: ein Überblick, 2. Auflage, München 1997.

Otto VOSSLER, Bismarcks Sozialpolitik, in: Derselbe, Geist und Geschichte, München 1964, S. 215–234.

Detlef WIDMANN, Vorwärts und nicht vergessen, Die Geschichte der Sozialdemokratie in St. Wendel, herausgegeben vom SPD-Ortsverein St. Wendel, St. Wendel 1989.

Maria ZENNER, Parteien und Politik im Saargebiet unter dem Völkerbundsregime 1920–1935, Saarbrücken 1966.

Christina ZERGES, Sozialdemokratische Presse und Literatur, Empirische Untersuchung zur Literaturvermittlung in der sozialdemokratischen Presse 1876 bis 1933, Stuttgart 1982.

100 Jahre Gesetz gegen die Sozialdemokratie, Vorwärts (Sonderausgabe), September Bonn 1978.

100 Jahre Sozialdemokratische Partei, 100 Jahre Arbeiterbewegung, Festveranstaltung vom 31. August bis 2. September 1963 in Hassel auf dem Festgelände am Sportplatz, Hassel (St. Ingbert) 1963.

Arbeiterbewegung und Sozialdemokratie in Riegelsberg, 75 Jahre SPD in Riegelsberg, Jubiläumsschrift zur Gründung des ersten SPD-Ortsvereins in Riegelsberg vor 75 Jahren, Riegelsberg 1993.

120 Jahre SPD in St. Johann, Eine Chronik durch bewegte Jahre, herausgegeben vom SPD-Ortsverein St. Johann, Saarbrücken 1992.